LARGE PRINT

WORD SEARCH PUZZLES

WITH SOLUTIONS

ACTIVITY BOOKS FOR SENIORS

BY HEALTHY SENIORS

D1473445

INTRODUCTION

We've all misplaced keys, blanked on someone's name, or forgotten a phone number. When you're young, you don't tend to pay much attention to these lapses, but as you grow older, you may worry about what they mean. Perhaps you start to talk about a movie you saw recently when you realize you can't remember the title. You're giving directions to your house when you suddenly blank on a familiar street name. Or you find yourself standing in the middle of the kitchen wondering what you went in there for..

As you grow older, you experience physiological changes that can cause glitches in brain functions you've always taken for granted. It takes longer to learn and recall information. You're not as quick as you used to be. In fact, you may mistake this slowing of your mental processes for true memory loss. But in most cases, if you give yourself time, the information will come to mind. So, while it's true that certain brain changes are inevitable when it comes to aging, major memory problems are not one of them. So is there anything you can do to keep your brain sharp?

Yes! Research shows that the brain is capable of producing new brain cells at any age, so significant memory loss is not an inevitable result of aging. But just as it is with muscle strength, you have to use it or lose it. Your lifestyle, habits, and daily activities have a huge impact on the health of your brain. Whatever your age, there are many ways you can improve your cognitive skills, prevent memory loss, and protect your grey matter.

Word Searches can strengthen focus and visual-spatial skills. It takes persistence to scour the grid for embedded words. To recognize letters grouped in ways that indicate the possibility of a word, you must look in different directions, including horizontally (left to right, and vice versa), vertically (down or up), or diagonally/ While straightforward word search use familiar positioning (with the string of letters set in a straight line), all word searches, like the ones in this book, require you to hold and manipulate images in your mind - more good exercises for the brain. Here are some amazing benefits of playing Word Searches:

- Improves your memory. A study found that adults aged 50+ who regularly challenge themselves to word or number puzzles had sharper brain function of someone ten years younger. These mind sharpening benefits included improved memory and other cognitive abilities

- Enhances problem-solving skills. At their core, every type of puzzle is about solving a problem. When one approach doesn't work, you learn to pivot and use trial and error for different strategies. In this way puzzles can help enhance your problem-solving skills, making it easier to shift perspectives and find adaptable solutions to challenges in everyday life.

- Encourages attention to detail - with a puzzle like a word search, you need to study many small letters to find words that could be oriented in any direction. These strategies can help hone focus and attention to detail

- Boosts your mood. The little rewards of finding every new word release dopamine, one of the brain's happiness chemicals. Everyone loves the feeling of achieving a breakthrough and succeeding at a challenging task!

HOW TO PLAY WORD SEARCH

Words may be hidden vertically, horizontally or diagonally, and both forward and backward. A good way to get started is to look for a word with a less common letter - like a Q - which will be easier to spot.

Another way is to go through the puzzle left to right (or right to left) and look for the first letter of the word. After finding the letter, one should look at the eight surrounding letters to see whether the next letter of the word is there.

ABOUT THIS BOOK

This book includes 40 word search puzzles featuring common words

Each puzzle is featured on a separated page, which makes reading accessible for the visually impaired. Solutions are also included at the end of the book.

If you enjoy this book, please consider leaving a review wherever you bought it.

You mind also be interested in other Healthy Seniors products: we have a wide range of activity books and products especially designed for the needs of senior citizens and we're constantly adding more. Our mission is to make seniors' lives better - both physically and mentaly!

Check out our Amazon store at www.amazon.com/healthyseniors

IN THE LIVING ROOM

SOFA

BLANKETS

CARPETS

COFFEE TABLE

WINDOWS

DRAPES

CHAIRS

RECLINERS

BOOKS

BASKETS

LAMPS

PAINTINGS

CANDLES

FLOWERS

FIREPLACE

WALL CLOCK

IN THE LIVING ROOM

```
E  S  L  C  M  T  T  C  A  C  I  O  G  W  E
R  S  B  S  G  N  I  T  N  I  A  P  L  A  T
A  S  P  G  R  E  C  L  I  N  E  R  S  F  R
S  K  L  I  C  A  S  W  O  D  N  I  W  K  W
O  S  T  E  K  N  A  L  B  C  C  E  A  R  A
H  P  W  S  C  F  C  L  A  O  K  E  C  A  L
E  M  A  A  O  R  E  O  S  F  B  D  S  L  L
S  W  E  S  F  N  E  S  K  F  C  E  I  S  C
E  I  E  I  O  T  N  R  E  E  C  O  E  A  L
O  S  E  P  A  R  D  S  T  E  P  R  A  C  O
A  F  S  S  L  A  M  P  S  T  L  L  R  W  C
K  T  K  P  I  S  W  S  L  A  O  E  N  M  K
C  S  P  E  A  C  R  A  R  B  L  K  L  C  A
A  C  F  T  L  I  A  S  I  L  C  A  T  S  F
E  L  R  C  A  E  E  E  O  E  R  O  K  S  L
W  I  T  H  A  P  N  E  L  E  N  O  N  N  O
N  A  C  I  A  A  D  W  E  T  O  R  R  S  W
E  S  E  L  D  N  A  C  E  B  S  N  T  R  E
S  S  N  A  P  F  A  S  L  S  R  L  S  R  R
C  E  C  A  L  P  E  R  I  F  C  L  N  C  S
```

IN THE BEDROOM

MATTRESS
SHEETS
PILLOW
BED SQUIRT
NIGHTSTAND
NIGHTLIGHT
MAGAZINES
DRESSER
HANGERS
OTTOMAN
LOVE SEAT
DRAPERIES
PLANT
ALARM CLOCK
VANITY TABLE
RUGS

IN THE BEDROOM

```
E  R  S  E  L  B  A  T  Y  T  I  N  A  V  G  T
S  A  T  A  L  R  L  I  W  B  N  M  R  A  A  S
L  D  L  M  L  O  N  S  O  O  G  L  D  E  A  S
A  A  A  H  A  N  G  E  R  S  R  T  E  G  N  H
I  E  T  P  I  G  A  R  S  K  G  D  R  L  W  L
G  R  E  L  R  G  A  T  T  A  R  T  N  O  D  S
T  N  R  A  E  G  N  Z  K  L  E  A  N  V  I  L
E  N  Q  N  W  O  L  L  I  P  D  T  N  E  U  E
G  Q  R  T  A  D  S  L  N  N  N  A  P  S  D  M
A  T  R  O  M  N  T  S  E  R  E  S  S  E  R  D
R  T  R  D  A  I  R  T  H  B  T  S  L  A  A  S
W  L  T  N  T  G  Z  B  R  E  H  O  T  T  P  P
L  T  N  O  T  H  N  H  N  D  E  T  H  T  E  L
T  T  P  M  R  T  M  Z  T  S  R  T  R  S  R  S
S  U  M  A  E  L  B  S  N  Q  U  O  S  T  I  P
T  W  A  W  S  I  R  S  T  U  G  M  U  E  E  I
O  S  A  L  S  G  G  R  A  I  S  A  H  G  S  S
T  N  N  E  Q  H  M  B  E  R  H  N  E  S  V  L
L  L  A  A  S  T  D  N  A  T  S  T  H  G  I  N
E  S  P  P  T  K  C  O  L  C  M  R  A  L  A  G
```

IN THE BATHROOM

MIRROR

SINK

HAND SOAP

SHOWER GEL

SHAMPOO

PUMICE STONE

BATH MAT

TOWELS

TOOTHBRUSH

MEDICINE CABINET

LAUNDRY BASKET

HAIR DRYER

COMBS

SCALE

SHELVES

WASTEBASKET

IN THE BATHROOM

```
H R U A H M M U N C A O M S B A
I R L R O E T O O N T L I N S D
Y I A L H A N D S O A P T N E U
A T I T R T T E H L W E S K N D
O O T M S S W M I R R O R B R O
P O O M W H P E A T A N D T B U
B T W A H H A H A V P A K A H T
D H E T M P U M I C E S T O N E
E B L Y B W P E P E L O C I C T
E R S I A S A W R O N H B A A S
D U N O U A A M T A O S M M L H
E S K A R E Y R D R I A H T A E
D H A S R L T E R O K T H M L L
A P N I R R B A O E A E R D S V
A M C N R D T U S B M O C E K E
M L B K W A S T E B A S K E T S
T S H O W E R G E L I T A O N S
L L D T E K S A B Y R D N U A L
E M E D I C I N E C A B I N E T
S P L R R H S A R A E T B H B E
```

IN THE KITCHEN

KNIFE

CUTTING BOARD

VEGETABLE PEELER

SPOON

FORK

SPATULA

OVEN

CORKSCREW

TABLE

POT

WHISK

GLASSES

CUPS

SINK

BLENDER

LADLE

ROASTING TIN

IN THE KITCHEN

```
R  L  N  G  S  A  O  E  E  S  N  S  A  K  E
S  U  P  P  N  T  V  A  N  O  D  T  E  P  I
O  U  C  U  T  T  I  N  G  B  O  A  R  D  K
P  O  P  G  B  A  L  E  S  B  B  B  P  D  L
R  D  R  V  G  K  R  E  D  N  E  L  B  V  A
O  P  E  E  E  R  W  H  I  S  K  E  R  I  R
A  T  G  G  S  E  I  C  R  K  T  N  T  E  B
S  P  W  E  L  D  A  L  U  S  E  F  I  N  K
T  O  G  T  R  R  K  P  P  K  D  B  I  D  T
I  T  U  A  N  F  O  R  K  O  S  S  E  F  A
N  N  T  B  C  E  T  A  B  P  A  L  U  S  L
G  O  W  L  D  U  D  L  P  G  T  N  I  U  P
T  V  B  E  H  S  P  N  K  S  A  A  G  I  A
I  E  T  P  T  A  T  S  P  A  T  U  L  A  O
N  N  I  E  W  O  S  L  D  E  K  I  A  E  S
O  G  E  E  S  T  K  A  S  T  B  O  S  B  E
T  D  D  L  L  N  E  A  S  I  N  K  S  R  D
W  T  L  E  E  C  L  K  E  C  L  C  E  W  E
S  K  O  R  A  S  P  O  O  N  S  H  S  T  T
T  R  E  E  C  O  R  K  S  C  R  E  W  P  L
```

BREAKFAST

BACON

EGGS

BREAD

BUTTER

BAGEL

CEREAL

CINNAMON ROLL

GRANOLA

MILK

OMELET

PANCAKES

MAPLE SYRUP

HONEY

ORANGE JUICE

COFFEE

FRUITS

BREAKFAST

```
F G E E E R L A B C L A E G C
E F S N G A R A R E E Y C R I
T L B E K L L E G A B L J C N
M F L Y E N O H R M U S U T N
E O J P A N C A K E S B M S A
B E E Y U E E F F O C E U L M
A E O P A B A T L L N D O G O
U I A M R O U E K N A N O A N
U P K E E E R E F E A F S L R
L O N I N L K F R R G E I E O
N R T O E U E B G S A G N G L
C T C E R E T T U B I U S A L
E A T T A S A E G S R F R M A
B P A A E D E N E E E M N E E
A G A O R A N G E J U I C E E
G C M E I P U R Y S E L P A M
A G O O A O C C I I A K U L M
G L T O T D H A O A P C R O T
M K C N L A E R E C R E S P R
U S T I U R F Y A H U A J I T
```

DESSERTS

CHOCOLATE COOKIE

APPLE PIE

BROWNIES

BLONDIES

ICE CREAM

MOUSSE CAKE

DOUGHNUTS

VANILLA CUSTARD

CHEESECAKE

LEMON BARS

BISCUITS

BANANA PUDDING

CANNOLI

PAVLOVA

MUFFIN

DESSERTS

```
K D C L O L N B C U O T C B A
M M H R U C V U E N L S H I N
V U S K E K A C E S S U O M C
A H F V M I D V E C N C C P N
N V V F A P H I N C I M O C C
I D A S I E A E C S C A L I I
L O I E P N T V C B A C A C L
L U D N I O L G L R L V T V E
A G U U L M E E B O N I E N U
C H R C E W C I U W V S C A C
U N C H E A F N R N U A O C P
S U M I I T I C N I N B O M C
T T E K A C E S E E H C K C A
A S B L O N D I E S S E I C N
R A N S D A P P L E P I E F N
D O A C M O U M C A E A O B O
S M N S B I S C U I T S O S L
T A E D L E M O N B A R S M I
N G N I D D U P A N A N A B A
O E U E M A E R C E C I L T S
```

SPICES

ALLSPICE

CAYENNE PEPPER

CHILI POWDER

CINNAMON

CLOVES

CORIANDER

GINGER

OREGANO

TURMERIC

MUSTARD SEEDS

PAPRIKA

SAFFRON

BASIL

PARSLEY

ROSEMARY

NUTMEG

SPICES

```
N U T M E G U A T R P N I O C
S Y G D C I R E M R U T N I A
C R O S E M A R Y A D S B K Y
C L P E M P K U E I E I C U E
U C E S N D S C V H K C H R N
R L S O H N C P I B A S I L N
H S N O R F F A S I I R L F E
M T C P I A S R N V P N I E P
N E I R N G C S I O A R P R E
A M N M C R O L A I K R O I P
U C N O N G R E E W S A W E P
R P A B C M I Y A L S L D R E
S A M I O N A G E R O S E I R
C P O S I C N L N R H C R R A
E R N M Y P D T L E P E E R W
C I G I N G E R A S L C O I E
T K G A E O R I E I P E T E E
S A E E C L O V E S S I A A C
I G A C P O E R I S Y D C R M
M U S T A R D S E E D S W E U
```

IN THE GARDEN

CULTIVATE
GARDEN
FERTILIZER
DIGGING
GLOVES
GREENHOUSE
GROW
ORGANIC
PLANTING
RAIN
SEEDS
SHOVEL
SOIL
SUNSHINE
WATER
COMPOST

IN THE GARDEN

```
S U N S H I N E T W F O E A E
F R I E G T A P I R A M R L N
U E E I D H V I S E G U S E H
S O R G I T I C O M P O S T U
S C I T I E R G G H I I O I D
I U N L I E S T G T A L E G A
U L S G Z L A T A L A N I I H
S T I N R R I O R G A N I C I
L I M O L C A Z D S E E D S O
E V N G W G E I E S N N V H S
C A O G A R H V N R D S E O W
E T E H G R O W E A I R H V S
S E E E R L S I L C G S D E E
I S G E G T W O I D G O C L C
R P G N I T N A L P I T U S V
E Z R C H E S U O H N E E R G
A E S N I C O M N G G E I P I
W A T E R R I G S T G O R O U
N L I G O L L I A N L E U R L
I G R O E I I T G C P N S R T
```

FLOWERS

DAISY

ROSES

LILY

VIOLET

ORCHID

TULIP

POPPY

SUNFLOWER

PANSY

MIMOSA

PEONY

MAGNOLIA

GERBERA

IRIS

DAFFODIL

CAMELLIA

FLOWERS

```
L  S  D  A  F  F  O  D  I  L  T  A  S  E  R
H  Y  R  B  S  I  L  T  I  S  I  O  M  E  F
M  F  O  D  P  I  E  Y  H  P  Y  I  L  M  I
A  R  L  L  S  L  M  M  Y  N  O  E  P  R  R
N  M  E  S  O  N  I  C  I  P  E  P  T  O  R
I  N  R  I  Y  N  R  A  I  M  R  E  P  R  P
L  R  V  O  I  L  N  S  Y  P  O  P  Y  Y  S
L  P  O  A  I  L  L  E  M  A  C  S  I  Y  D
A  E  O  V  P  L  U  R  H  S  A  U  A  Y  P
P  C  I  N  A  P  Y  P  L  S  A  N  O  O  I
L  U  O  G  N  U  D  L  E  A  C  P  R  S  D
A  D  A  I  S  Y  R  S  I  R  I  S  R  L  L
V  R  I  S  Y  L  O  A  I  L  O  N  G  A  M
O  E  G  O  R  R  O  Y  U  W  Y  Y  R  F  I
O  G  R  A  E  D  I  T  U  A  R  O  I  S  R
I  I  R  U  A  T  L  M  S  D  O  L  I  O  M
M  M  S  U  N  F  L  O  W  E  R  C  M  S  L
C  F  D  I  H  C  R  O  A  F  E  M  N  E  N
P  O  T  A  Y  R  F  S  O  N  R  I  E  E  Y
I  L  I  G  E  R  B  E  R  A  E  L  D  O  H
```

VEGETABLES

ARTICHOKE

BEET

BELL PEPPER

CELERY

EGGPLANT

KALE

LETTUCE

PARSNIP

PEA

PUMPKIN

RADISH

SQUASH

SWEET POTATO

YAM

JICAMA

MAIZE

VEGETABLES

```
S R N Y A M E T M R R A P B Q
E T A E M P S L R Y M A P E W
L C S B J Q E E Q M A M N C U
M S W A E L A K I S I A Y E A
L C E E R L A T R L Z R E A S
I M E Z R T L P E E E S Y E Y
A G T P S T I P T L A A R C L
P N P E R N B C E T E L R T E
E P O E S N E C H P L A O A T
H U T R E T T P L O P B E E T
M M A M A J E E K M K E E U U
O P T E T N A L P G G E R A C
N K O T P A L E E M D T I R E
C I T E E T M E J Q A T O A E
L N P L T J E G I C P K P D W
H S A U Q S T M C S E A A I T
S D A A A E G N A S M P P S G
I T H L K D M N M A I Y P H C
M H A A P A K K A E S R S J E
H S O S O E P T P T A E A A E
```

FRUITS

APPLE

APRICOT

BANANA

BLACKBERRY

CHERRY

BLUEBERRY

FIG

GRAPE

KIWI

ORANGE

PAPAYA

PASSION FRUIT

PEAR

PLUM

NECTARINE

PINEAPPLE

FRUITS

```
T R E Y G R F R B E E P B R C
G O H P A S S I O N F R U I T
L Y A N K I I A B R K N A I R
E B O P A Y O A R R G I R E I
L A R A I A E F L I A A W Y M
E P I A E B P N P C I R A I G
A Y I E G L A E N T N P L B B
P A P A Y A T B E A R Y K R A
K E H R I C E R M P N E Y E R
T U A B U K A R A E G R I L E
L A P A R B C H E R R Y O A B
H A I N P E A A P E A R R B L
F N N A P R Y Y B B P A A G B
N U E N A R I E Y I E A N E P
A I A A R Y U C A G L I G T R
P C P T U L R N O P R A E R E
N G P E B A S F P T I P P P I
N P L A F L N E C T A R I N E
Y I E G I E L P P A I A F P A
U A R I G R K A A K P L U M A
```

BIRD NAMES

CANARY

CROW

DOVE

DUCK

EAGLE

GOOSE

OWL

PELICAN

PENGUIN

TOUCAN

TURKEY

RAVEN

MACAW

KINGFISHER

HERON

EGRET

BIRD NAMES

```
N  S  C  E  E  A  E  C  I  G  E  N  U  D  C
A  M  C  C  W  K  C  E  G  O  I  G  E  O  K
A  G  K  R  U  O  R  G  N  K  I  A  R  G  E
G  I  E  O  E  N  E  C  C  A  N  E  E  F
N  G  F  W  G  C  R  U  E  G  U  N  E  Y  T
P  K  R  E  V  O  D  H  N  A  C  I  L  E  P
C  I  I  I  E  E  C  E  A  I  E  M  O  Y  N
G  R  V  N  I  K  O  A  W  O  N  A  N  E  O
T  C  N  W  G  O  R  G  N  I  D  C  V  C  O
O  A  O  H  W  F  O  L  A  A  A  A  N  U  C
U  A  E  U  D  O  I  E  N  L  R  W  R  R  U
A  A  O  C  G  H  S  S  H  O  U  Y  I  U  R
G  T  R  C  K  O  E  G  H  T  E  C  E  A  R
N  A  C  U  O  T  U  R  K  E  Y  U  K  T  A
U  E  E  G  R  E  E  N  O  T  R  C  N  G  K
G  R  E  R  A  O  G  M  E  N  E  M  Y  I  A
N  G  E  E  U  E  I  V  O  M  U  K  R  U  C
D  N  I  U  G  N  E  P  W  W  L  L  O  Y  A
T  N  L  C  R  K  R  A  A  A  L  E  E  S
E  U  O  N  K  O  A  R  A  P  C  N  C  E  C
```

AT THE GROCERY

AISLE

BASKET

BAG

RACK

BARCODE

BUY

CANNED GOODS

CASHIER

CHANGE

COINS

DELIVERY

DISCOUNT

CREDIT CARD

RECEIPT

REFUND

ON SALE

AT THE GROCERY

```
D B B U N Y S N I O C C E C O
D O T B O N S D G A E T V B O
C A C C I E A C R C E L S I A
R O R T S O U C R C O U E A K
E S C V D N A S N R E R L S O
D N E E E F D E E G E R D E O
I A C R L A A C N E N E S A E
T R A R I R O A T N E R C B O
C R N A V I H I D L E K C L N
A E N R E C I R A E C I I C A
R C E A R A N S C A S G R D A
D E D S Y C N A R E H E N I L
T I G D C O I R D C C E E E N
C P O C T N U O C S I D B U Y
Y T O D H A C E A D S S C G I
D I D L U R B A Y T S H R B R
F D S E A I C T E K S A B U E
B N T B R N O R E I H S A C P
E D U G C E R S C E U T G C U
R E F U N D C A E C N E D C Y
```

IN THE PARK

WALKING
BENCH
CHILDREN
DOGS
FRISBEE
PARENTS
PICNIC TABLES
SWINGS
SUN
BIRDS
BUTTERFLIES
GREEN GRASS
TREES
KITES
PLAYING
ENJOYING

IN THE PARK

```
I  Y  N  Y  U  E  F  O  C  E  A  L  G  W  L
S  Y  I  O  L  I  I  R  H  E  S  E  O  G  I
G  N  E  N  E  B  E  I  I  T  E  D  R  S  N
E  G  N  I  K  L  A  W  L  S  A  T  R  G  R
N  H  I  S  S  G  O  D  D  E  B  C  T  I  B
S  S  A  R  G  N  E  E  R  G  A  E  R  I  B
B  E  E  R  N  N  G  N  E  E  I  E  E  D  U
Y  T  N  N  U  A  S  G  N  I  W  S  Y  L  T
N  I  R  C  S  W  B  U  I  I  R  E  R  I  T
R  Y  U  E  N  T  S  N  G  A  I  E  Y  N  E
N  E  R  P  E  R  G  E  T  S  N  E  U  C  R
R  A  T  U  S  S  K  T  H  K  S  E  E  A  F
D  S  S  G  R  I  B  G  G  P  E  Y  L  N  L
R  R  N  B  I  R  D  S  H  P  R  E  L  J  I
I  S  P  I  C  N  I  C  T  A  B  L  E  S  E
R  B  E  N  C  H  L  F  B  R  S  Y  E  I  S
A  G  R  T  J  I  E  S  S  E  T  I  K  K  A
A  E  E  Y  H  S  N  L  L  N  E  Y  U  H  G
G  E  N  J  O  Y  I  N  G  T  R  S  I  Y  E
P  G  N  I  Y  A  L  P  W  S  T  H  G  E  L
```

AT THE CINEMA

SODA

POPCORN

TICKET

MOVIE

COMEDY

HOLLYWOOD

THEATER

ACTRESS

ACTOR

NACHOS

CANDIES

FUNNY

LAUGHING

EXCITING

ROMANTIC

SCARY

AT THE CINEMA

```
N O L C E L C N S N E A P T N
C M X E V N R C N O C I E C S
N S R R R E D H C O C T C A C
I E S T T Y K M Y I F N C O E
E T R A G F O N R O C P O P X
A A E Y R A N S T M O O G N C
V H G V S U O I C T O L O A I
T R E S F T A H A D E I M N T
I X N A T H S E I D N A C N I
C O M E D Y E C E R R S A A N
K S L A A R C C A N Y T P C G
E N N C P I I C A R I Y C H N
T I O T I M N N E A Y E A O M
R C O R T I K I M T I I Y S I
I G N E T A E T S V A A S O A
X C C S M O D O O W Y L L O H
L A E S C O E M D O C A H T A
R O M A N T I C A C T O R V O
E N T G T H I I C O E E N O O
O G N I H G U A L G T C C N K
```

AT THE BEACH

SWIMSUIT

TOWEL

WET

GOGGLES

CAP

DEEP

WATER

SAND

CASTLES

SUNNY

WINDY

SUN GLASSES

WAVES

HOT

COOLER

BEVERAGES

AT THE BEACH

```
W  E  H  O  T  N  P  A  L  S  D  A  E  S  O
O  G  S  E  O  O  T  E  W  S  W  T  L  W  N
E  B  S  I  W  A  S  W  V  S  T  R  P  C  U
O  E  S  S  E  A  T  I  U  S  M  I  W  S  S
L  V  S  I  L  R  V  E  T  U  E  G  I  G  S
N  E  D  U  L  E  P  S  I  N  T  S  N  G  V
U  R  E  L  N  P  D  U  E  N  E  C  D  E  W
T  A  D  C  T  G  E  G  P  Y  R  S  Y  D  E
A  G  S  Y  A  E  O  W  E  T  S  T  W  U  G
S  E  W  T  U  S  S  D  W  L  A  W  S  E  C
T  S  R  C  D  D  U  L  A  I  T  A  O  E  A
S  P  E  G  S  C  E  D  T  Y  O  N  E  W  S
S  U  N  G  L  A  S  S  E  S  S  S  O  N  N  T
A  L  W  R  S  G  T  S  R  E  L  O  O  C  L
S  W  U  A  W  G  P  G  O  P  P  E  W  O  E
D  A  A  S  E  A  G  O  G  G  L  E  S  C  S
C  A  N  V  C  S  U  S  A  O  W  S  S  S  S
S  U  G  D  E  E  S  D  T  E  W  H  G  S  O
L  A  B  N  W  S  S  Y  A  R  R  U  S  D  E
D  C  A  S  A  O  T  P  A  E  Y  N  O  S  S
```

HOBBIES

BOWLING

COOKING

CRAFTS

DANCING

PAINTING

READING

SEWING

TRAVELING

GARDENING

FISHING

MUSIC

BICYCLING

SCRABBLE

BACKGAMMON

TABLE TENNIS

GOLF

HOBBIES

```
F  C  B  C  P  T  F  L  O  G  I  C  S  G  G
I  F  Y  D  F  A  G  O  R  T  S  U  D  C  G
C  N  L  G  G  N  I  K  O  O  C  T  E  E  A
I  M  U  S  I  C  D  N  S  A  L  A  C  G  R
L  N  S  L  H  N  I  B  T  N  G  C  R  E  D
R  C  W  C  N  G  I  G  I  I  I  A  A  C  E
E  O  G  T  G  E  A  F  E  I  N  B  F  A  N
B  P  N  D  N  B  I  A  A  S  N  G  T  P  I
N  I  T  A  B  L  E  T  E  N  N  I  S  R  N
T  I  B  W  A  S  C  R  A  B  B  L  E  C  G
R  E  C  I  C  E  G  A  Y  I  I  A  W  R  E
E  G  S  L  K  B  G  L  O  S  I  G  I  N  G
A  R  N  D  G  I  N  S  I  G  E  N  N  B  G
D  D  E  O  A  C  F  I  S  H  I  N  G  N  R
I  I  I  S  M  Y  D  A  N  C  I  N  G  I  G
N  B  L  I  M  C  N  N  I  O  L  I  L  O  B
G  W  D  I  O  L  F  G  I  N  B  G  I  A  K
G  A  U  L  N  I  C  N  E  N  H  O  T  G  F
B  I  G  I  M  N  I  N  G  O  N  S  G  I  V
N  G  G  C  N  G  N  I  L  E  V  A  R  T  I
```

SPORTS

ATHLETICS
CRICKET
DIVING
FOOTBALL
POLO
RUGBY
HOCKEY
SOCCER
TENNIS
VOLLEYBALL
SAILING
JUDO
GYMNASTICS
SWIMMING
BOXING
SQUASH

SPORTS

```
L  A  S  S  S  I  N  N  E  T  O  U  N  L  V
D  L  G  A  L  L  C  Y  B  N  A  X  Q  I  C
N  I  A  I  A  L  A  J  T  A  C  I  S  P  S
U  T  M  L  S  M  Y  A  U  I  I  O  M  U  I
T  G  D  I  V  O  L  L  E  Y  B  A  L  L  G
L  P  C  N  A  U  F  P  Y  C  G  G  F  R  Y
B  H  Q  G  J  A  Y  O  G  C  N  S  O  U  M
W  E  O  L  G  C  D  L  O  I  V  S  S  G  N
C  C  I  B  O  C  I  O  M  T  M  Q  E  B  A
I  B  L  O  Q  S  V  M  L  I  B  U  O  Y  S
S  V  L  I  I  O  I  B  I  V  F  A  I  N  T
A  J  O  N  S  W  N  R  H  D  U  S  L  H  I
B  T  U  C  S  S  G  K  L  G  W  H  L  L  C
R  G  H  D  E  B  I  B  E  I  T  R  N  I  S
O  O  O  L  O  G  O  B  Y  E  O  E  T  I  G
O  I  C  J  E  I  R  X  K  G  X  L  N  C  E
E  N  K  Y  H  T  L  C  I  O  A  Y  M  Q  R
I  I  E  E  I  E  I  Y  A  N  H  I  E  B  N
N  R  Y  I  R  R  T  C  R  E  G  I  U  H  M
S  S  S  N  C  T  N  I  S  O  C  C  E  R  C
```

DANCE

BALLET
BOLERO
CHARLESTON
DISCO
FLAMENCO
FOXTROT
MAMBO
POLKA
SALSA
TANGO
RUMBA
TWIST
HULA
HIP HOP
CONTEMPORARY
TAP DANCE

DANCE

```
L O C O N T E M P O R A R Y N
S C B I O R O R E L O B P O R
W B O R P L L M T D T A T X U
O H R B E T L E M S T S A X L
A L U H A O A O O A E L P R A
H L M O G S H U N L L T D R R
E S B N N O I E R S R M A H D
U A A B A H P A L A I N N L P
B T K O L W H L T F H A C B C
W E C A O C O E I O A A E P O
O W D R R T P T T X T T A S L
T T I L L A O L N T X A D L A
R P S E O B M A M R B O K P O
A T C S I P A T Y O D O S O O
U A O E T K B I M T S I W T P
P C E N L A O X C S T L I O U
N C A O I A S R D L O L R U A
M N P A T X B A L L E T T O A
S E T F L A M E N C O O O E O L
L L W E O E R S C A O L O P H
```

MUSIC GENRES

AMBIENT

BLUES

CLASSICAL

COUNTRY

JAZZ

LATINO

OPERA

REGGAE

ROCK

SOUL

ELECTRONIC

FOLK

GOSPEL

POP

HEAVY METAL

DISCO

MUSIC GENRES

```
L E L L E M L S A L S A A P T
C C N A L A T I N O R L N Z A
L F N Z A C S I P O P R C O A
R H R T F N O E M E A L Z E G
E L E A C L A S S I C A L L M
D V F A I O E S L T R O O E A
B S E O V U N S V E O C E U A
E R A L L Y S E P C O Z O A P
A I U B E K M O C S I D T R O
E N L O I C D E U M E L L O D
L A I N E E T R T L G G Y C O
C M M O A N L R Z A A I L O L
G B B G L E P S O G L Z G U B
A I G O O Z Z A J N Z U Y N L
O E S E B M R A L A I B O T A
R N L E R Y C A S F H C V R O
S T E A F P V R O C K N J Y L
E J U R T C O C A C N N E A L
T N P E L C O A E T R L C O A
T A I E B B B K N P E E V C Y M
```

PAINTING

PAINT
ACRYLIC
BRUSH
CANVAS
DRAWING
CHARCOAL
FRAME
COLORS
COLLAGE
ABSTRACT
RELAXING
TEXTURE
SPACE
DIPPING
FADING
GLOSS

PAINTING

```
B  F  A  D  I  N  G  L  R  N  B  R  U  R  S
A  R  A  D  I  P  P  I  N  G  E  S  E  R  X
R  E  U  A  E  C  T  F  L  N  I  A  O  I  U
G  L  N  S  E  G  A  L  L  O  C  L  I  C  R
M  A  E  O  H  P  N  F  S  S  O  L  G  E  E
R  X  N  A  S  P  A  C  E  C  V  R  E  R  C
U  I  L  A  A  A  B  A  I  N  T  A  U  C  P
L  N  C  O  O  B  S  E  P  H  G  T  A  O  A
I  G  H  A  O  X  T  O  C  A  X  R  V  G  E
S  A  A  A  I  F  R  A  M  E  G  D  R  O  A
H  A  C  A  C  D  A  S  T  C  S  R  I  G  R
E  C  R  S  C  L  C  L  T  A  C  M  G  R  E
C  P  Y  R  A  C  T  U  A  N  G  B  B  S  O
I  S  L  V  B  L  A  R  F  V  I  L  E  R  A
R  S  I  C  H  A  R  C  O  A  L  M  N  C  I
A  R  C  N  R  A  T  O  L  S  I  X  N  X  S
F  O  M  O  O  P  A  I  N  T  E  R  I  A  P
C  L  T  L  T  F  N  D  A  O  C  R  C  S  S
G  A  U  H  M  T  S  C  T  R  O  V  O  N  B
S  R  G  N  I  W  A  R  D  I  O  O  T  G  I
```

FISHING

NET

WORM

BAIT

SPINNER

TACKLE

SALMON

TROUT

CATFISH

BOAT

LAKE

MORNING

WATER

SCALES

CARP

GILLS

TACKLE BOX

FISHING

```
C R O L C A T F I S H R R T E
X A R P L S A A O A B F T I N
T G R N T C L T O A B O N C A
E E I P W A T E R T C S A A N
R O N L T L O I L O A R B C L
A L O W L E G T A I U P O A T
E A A S T S G S F T P T R E F
O A H K T R K O I E B N I I N
C B P B E H P N G T E E T T L
F S E L P T K W T L T E A T L
X P A P P A S S O A A R C R R
O I O T C C L C M G C G K N O
L N E E C T T I A L K S L G K
E N C E A S B W N M L L E S E
L E A O P M E M K K E N B N E
M R B E A T L M R O W L O B B
C T F R S A G A R W S E X T L
E G E N H A N O M L A S N N H
I I T W A S E G N I N R O M K
G T N S L O T I A B L A I N B
```

VALENTINE'S DAY

CANDLE LIGHT
CHOCOLATE
ROMANTIC
HEART
ROSES
FIRST KISS
PROPOSAL
WEDDING
MEMORIES
LOVE
TEDDY BEAR
BOUQUET
POEM
CUDDLE
HUG
BE MINE

VALENTINE'S DAY

```
R L C I T N A M O R I C L U E
G C C O O T S C R D M A U G O
E T A L O C O H C L D L C C N
E E N E N I M E B T U O U B L
T D D N T I P F D O D R L O E
V D L O S O E H R T T H Y U C
R Y E W N Q I L D O E M E Q R
I B L E C E O L R O S H I U O
E E I D H D H T T R A E H E E
H A G D H N H E R I E E S T S
U R H I B S N I Y V T B I P E
G I T N F P R E O E D S M R B
E A E G I E E L S E A M Y O P
U E H S R H E E L M C T T P N
P O E M S E I R O M E M G O S
B I R T T O S R E B N E D S W
N D O N K B V I Q E E C O A E
T H L D I O T L S A E E I L M
S D R N S E L D D U C U R I S
I P M A S M I C M E E W R A S
```

EASTER

EGGS
BUNNIES
SPRING
BIRTH
DYE
FLOWERS
TULIPS
BASKETS
HOLIDAY
HUNT
CHOCOLATE
GRASS
SUNDAY
CARROT
CELEBRATION
LAMBS

EASTER

```
G  I  H  S  L  S  A  N  H  C  G  A  B  I  N
N  C  G  O  C  P  C  H  O  C  O  L  A  T  E
D  R  R  I  L  R  B  B  O  S  S  Y  S  G  A
E  T  I  H  R  I  N  E  G  A  C  U  K  M  S
L  N  H  A  E  N  D  B  N  R  T  O  E  I  M
S  L  R  Y  Y  G  L  A  E  E  N  T  T  B  T
B  U  D  L  C  R  S  A  Y  E  G  G  S  I  C
C  F  N  N  H  S  F  T  S  S  R  R  U  U  E
Y  L  U  D  L  O  S  C  E  U  A  W  A  R  L
O  O  D  E  A  P  L  A  M  B  S  B  L  N  E
S  W  I  N  T  Y  D  O  L  M  S  S  R  C  B
A  E  B  R  D  T  E  O  B  L  Y  D  T  A  R
T  R  S  G  A  T  S  B  U  E  T  H  T  E  A
R  S  R  A  T  N  U  H  N  G  T  A  B  T  T
S  S  Y  S  C  R  E  L  N  R  Y  S  N  B  I
R  O  R  G  H  B  B  S  I  O  E  I  K  L  O
Y  L  C  O  T  P  I  B  E  P  B  N  S  R  N
E  C  A  Y  P  D  N  E  S  T  S  A  I  Y  S
S  E  T  O  R  R  A  C  O  S  L  A  O  H  L
B  L  S  U  I  A  E  H  E  H  H  H  E  N  T  R
```

MOTHER'S DAY

FLOWER

GIFT

PERFUME

HEART

LOVE

MAMA

SON

DAUGHTER

HUGS

KISSES

HOME

HAPPY

MAY

PROTECTIVE

FORGIVING

GUIDANCE

MOTHER'S DAY

```
C  F  E  G  N  I  V  I  G  R  O  F  P  R  V
R  T  S  F  R  T  Y  C  F  U  H  P  T  P  P
E  H  E  A  T  W  H  T  U  R  T  I  U  T  U
U  H  F  O  K  O  F  O  H  G  H  H  R  U  R
D  F  U  O  P  I  O  V  R  S  E  A  E  P  C
H  I  I  G  G  E  S  U  F  R  E  W  O  L  F
H  D  V  I  S  R  V  S  L  H  U  A  D  S  S
T  H  A  P  P  Y  O  R  E  O  I  H  A  A  A
E  G  O  D  R  C  N  U  T  S  N  A  O  O  H
O  S  T  G  U  I  D  A  N  C  E  R  P  T  U
I  S  O  E  M  U  F  R  E  P  P  G  T  V  S
E  Y  C  G  L  R  E  T  H  G  U  A  D  A  A
N  F  E  H  H  O  U  L  V  A  O  U  G  M  A
T  F  E  M  O  H  V  T  I  E  O  E  A  O  T
O  M  Y  L  N  I  H  E  G  P  O  M  D  R  G
A  A  U  N  E  G  E  N  D  E  O  R  O  U  Y
G  O  M  E  V  I  T  C  E  T  O  R  P  U  I
D  S  I  V  R  S  I  S  E  R  H  G  S  N  O
U  S  O  V  I  U  O  O  H  O  O  U  Y  A  M
N  D  E  T  E  S  F  N  H  T  K  P  P  R  P
```

FATHER'S DAY

DAD

SPECIAL

CARING

RESPECT

JOKING

FISHING

HOLIDAY

THOUGHTFUL

BBQ

DEVOTED

SPORTS

CHARACTER

ROLE MODEL

BELOVED

CAPABLE

PASSION

FATHER'S DAY

```
O  N  S  S  F  E  G  N  E  E  E  F  D  H  I
H  D  E  T  O  V  E  D  B  I  P  U  D  G  N
O  E  D  N  A  K  K  S  E  O  T  O  N  S  S
B  J  E  Q  A  B  B  D  H  H  L  I  I  C  N
G  H  O  D  I  E  T  A  A  E  H  J  H  E  E
S  O  A  K  P  R  H  D  C  S  P  O  R  T  S
T  L  H  P  I  A  O  L  I  H  D  A  P  Q  Q
E  I  C  S  L  N  U  F  S  E  C  P  L  M  R
H  D  H  B  D  U  G  U  A  L  U  S  O  N  C
D  A  A  L  A  A  H  R  I  V  Q  Q  S  U  R
I  Y  R  L  T  J  T  M  E  B  S  J  O  L  O
I  S  A  A  C  T  F  S  B  D  D  D  M  V  L
D  D  C  D  R  E  U  L  Q  E  O  G  C  R  E
N  M  T  D  L  H  L  G  V  I  N  A  A  R  M
T  C  E  P  S  E  R  O  K  I  H  S  P  I  O
L  O  R  A  N  E  L  L  R  T  D  C  A  N  D
E  G  D  U  E  E  I  A  U  G  E  A  B  S  E
R  H  O  E  B  A  C  A  E  I  E  V  L  Y  L
N  O  I  S  S  A  P  O  U  D  C  B  E  I  N
M  R  I  T  G  L  A  I  C  E  P  S  O  D  G
```

MEMORIAL DAY

BATTLE

DEFEND

PEACE

FLAG

LIBERTY

PATRIOT

COURAGE

SACRIFICE

SERVICE

SOLDIER

MILITARY

POPPY

FEARLESS

HEROIC

REMEMBER

DECORATED

MEMORIAL DAY

```
F E A E C D E T A R O C E D R
L S C E C P R E O C R G A T R
L L C P I A I R C F I S C F O
E I P O L T P S C O E C A E P
I B E P H R S E M P S T T A Y
I E C P E I R H A A A C P R T
B R C Y R O I C R E A E A L R
E T C T O T E E R M T O R E U
E Y C T I E R R G T O S E S I
M I S P C D E A C M R B M S E
R E O M T M L T L P P C E E E
T C U I I F F E I Y R E M S R
B P R A O L F O T E E R B O D
S A C R I F I C E T A E E L A
E L T R F A I T E I R G R D P
F E A T T I D G A B A E O I I
A C P T L M I S E R V I C E D
E L F T D E A T U E Y G S R M
O T I R F I T O P E I U R E E
D E F E N D C E E S B T E T G
```

INDEPENDENCE DAY

AMERICA

FIREWORKS

FAMILY

HOTDOGS

FRIENDS

MUSIC

ANTHEM

BASEBALL

SUMMER

JULY

PARADE

COLONIES

CELEBRATION

UNITE

NATION

GOVERNMENT

INDEPENDENCE DAY

```
E  T  J  C  S  O  U  P  R  E  E  E  S  E  S
R  N  O  I  T  A  R  B  E  L  E  C  B  R  I
E  E  P  S  A  M  S  A  D  N  U  S  N  A  O
O  C  A  U  N  I  T  E  T  F  B  A  I  D  R
I  E  R  M  G  O  V  E  R  N  M  E  N  T  G
L  A  A  M  C  U  E  D  E  N  I  A  I  L  M
I  S  D  E  G  O  N  I  M  E  O  L  M  S  A
A  R  E  R  N  M  S  R  O  L  T  A  D  G  N
U  I  E  Y  B  G  T  N  L  E  M  L  E  Y  H
U  S  U  E  O  E  E  A  A  E  S  M  U  F  S
S  I  V  D  L  E  B  S  H  T  B  A  T  K  R
I  B  T  Y  I  E  E  T  O  W  I  K  R  R  C
S  O  L  L  S  U  N  M  O  W  L  O  L  Y  O
H  L  R  A  E  A  U  L  E  A  W  I  N  F  L
L  M  B  U  J  F  S  D  N  E  I  R  F  I  O
U  E  E  A  E  A  C  I  R  E  M  A  A  I  N
R  I  N  M  E  M  U  I  E  L  N  R  J  S  I
O  N  H  M  S  I  F  O  S  E  R  A  A  B  E
E  E  A  E  E  L  B  C  I  S  U  M  A  R  S
T  J  G  O  E  Y  L  U  J  S  E  L  T  S  B
```

LABOR DAY

RALLY

RIGHTS

STRIKE

TRADE

UNION

MONDAY

FALL

DECLARATION

UNEMPLOYMENT

HIRE

INDUSTRY

JOB

SALARY

RETIREE

SUPERVISOR

WAGE

LABOR DAY

```
R T O D M E D Y S L K P C B A
M E T N O R J Y M O N D A Y N
S H R U T B R C R F E A M I Y
N O I T A R A L C E D L H R F
R P R W N O B Y U N N H E R S
R N I R T T R O T N N L S E U
Y I I R A T D N O T I Y E T P
E L A P S G B Y F N N O O I E
B O J U T I S L T A E U N R R
K D D E R R U I S R N N S E V
I N R I R I N T L E U E R E I
I U R Y L L A R S N A M J E S
M S R L G R G A R E R P N S O
R L A S L A L D N S A L U T R
Y F Y E M E N E R O W O D O M
A I N W R I G H T S T Y A H R
S M G I U E G A W N E M E B A
A O H S T R I K E A D E T O Y
U R I K Y R A L A S D N U Y E
G F O C I G R E R G H T L N A
```

HALLOWEEN

TREATS

SPIDER

WITCH

GHOST

PUMPKIN

VAMPIRE

SKELETON

COSTUME

MONSTER

CREEPY

NIGHT

OCTOBER

AFRAID

HAUNTED

FACE PAINT

DARKNESS

HALLOWEEN

```
S  P  I  D  E  R  T  M  H  A  U  N  T  E  D
P  G  A  P  I  E  N  S  D  V  P  H  T  E  M
P  K  T  W  V  S  G  H  O  S  T  H  R  P  A
U  O  N  A  I  V  H  Y  P  E  I  G  N  H  F
A  U  E  S  S  T  A  E  R  T  N  W  C  O  R
A  H  E  A  S  G  C  M  T  R  T  M  H  K  A
N  S  T  O  P  E  A  H  P  I  O  R  I  N  I
E  C  O  I  E  H  T  M  E  I  T  P  D  E  D
T  E  A  A  M  M  S  D  A  A  R  A  E  O  T
T  V  N  T  G  S  T  N  I  A  P  E  C  A  F
S  T  O  N  R  E  B  O  T  C  O  T  U  P  T
Y  E  S  M  H  E  H  S  A  P  R  S  I  K  K
T  E  E  O  A  A  D  A  R  K  N  E  S  S  M
R  R  C  N  O  T  E  L  E  K  S  D  E  F  N
I  O  T  S  M  U  W  M  T  O  I  A  A  P  E
E  E  P  T  T  A  U  P  C  U  T  C  C  E  Y
Y  R  E  E  O  T  E  S  U  O  U  H  N  I  E
H  D  A  R  S  N  I  G  H  T  I  R  Y  R  M
U  A  N  O  I  W  I  E  T  L  T  C  R  E  T
R  N  C  E  N  T  P  U  M  P  K  I  N  O  T
```

THANKSGIVING

CRANBERRIES

DRESSING

GRATITUDE

DINNER

PARADE

FOOTBALL

HARVEST

FAMILY

SHARING

NOVEMBER

PIE

TURKEY

CASSEROLE

DELICIOUS

FEAST

GRANDPARENTS

THANKSGIVING

```
G N I R A H S G R T R S E R A
T E F D P A D A R F S S R B H
G M I R E E H S R R D R S R A
R R O E D U T I T A R G A C R
A V M O I L L A B T O O F I V
N G N E N A A Y T S A E F O E
D E O I N A E N F B A E G I S
P I M R E K S O C A G A L S T
A S S E R I G A M R M G D R N
R D O U K D R R Y U P I L R O
E I T Y G R G D E R M S L A V
N S D R L N T R D S R V P Y E
T A P A R A D E L C G T L L M
S R A Y S G V S R T A N I D B
I O E L O R E S S A C G F N E
R S E I P T I I H R C G A N R
S E I R R E B N A R C U F S D
E I S N N I S G G E F R D I F
E A A I E M S U O I C I L E D
C E R L A H T I S I M I O E G
```

CHRISTMAS

DECORATIONS

TREE

CELEBRATE

BLESSING

LIGHTS

PRESENTS

REINDEER

ELVES

DINNER

COOKIES

MILK

SANTA

SNOW

NATIVITY

STOCKING

CHIMNEY

CHRISTMAS

```
B E E S B E R E S E N A T E E
S E I K O O C N A I M I T T S
A E E R I V S T H G I L A C C
E S S S N T Y K O R N R C E I
G L K L I M A E L T B A B E I
R T V E T I O E I E I C S D T
T R E E L N S N L O S A B I C
N C S L S I N E L O S A N E N
E H A I N N C T N T D L N T N
K I T O T S T N E S E R P T N
N M Y E A G E N I S C E R N A
G N I K C O T S N B O O T E T
K E R E I N D E E R R G S I I
A Y S I T R E I E R A L S I V
G N I S S E L B N C T K A L I
I I O M S A S R R R I R S D T
D I N N E R E W R C O N S A Y
O V A I T E O N L O N M N C N
R N N I S N E P P G S T E C S
K S S R S C T T O A I P E C K
```

AROUND THE WORLD: FRANCE

PARIS

BAGUETTE

BISTRO

BONJOUR

ESCARGOT

CHEESE

CROISSANT

VERSAILLES

LOUVRE

WINE

CHAMPAGNE

SEINE

ROMANTIC

EIFFEL TOWER

DIJON

MONT BLANC

AROUND THE WORLD: FRANCE

```
F  R  S  M  B  H  O  E  A  O  R  F  B  R  S
C  T  E  E  A  C  N  A  L  B  T  N  O  M  F
I  S  T  R  G  I  E  L  A  F  A  S  E  R  N
W  E  C  L  U  P  H  E  E  E  R  R  U  O  C
E  N  E  T  E  U  E  N  T  U  N  O  T  M  H
I  I  E  P  T  B  N  S  O  U  B  O  E  A  A
A  N  F  E  T  P  U  J  C  L  U  N  C  N  M
E  A  A  F  E  W  N  W  N  A  I  N  I  T  P
O  U  R  S  E  O  E  S  R  E  R  O  O  I  A
C  I  U  J  B  L  A  N  S  C  R  G  R  C  G
L  O  U  V  R  E  T  S  R  E  T  H  O  N  N
B  I  E  T  L  C  R  O  I  S  S  A  N  T  E
S  O  N  A  I  E  A  S  W  O  O  E  A  R  C
A  C  R  I  E  R  C  P  R  E  J  N  T  D  H
B  H  C  I  N  B  B  T  A  I  R  S  H  J  I
O  E  G  N  M  A  S  I  T  R  A  I  N  R  C
E  E  M  E  N  I  W  B  N  I  I  I  N  N  V
R  S  E  T  B  S  E  L  L  I  A  S  R  E  V
G  E  S  T  E  F  T  D  I  J  O  N  A  N  O
N  E  V  H  T  E  C  N  I  S  A  E  T  E  E
```

AROUND THE WORLD: ITALY

ROME

BRUSCHETTA

CALZONE

PIZZA

PASTA

PECORINO

ICECREAM

RISOTTO

PESTO

PROSCIUTTO

MICHELANGELO

ART

TOWER OF PISA

COLOSSEUM

VENICE

SERENADE

AROUND THE WORLD: ITALY

```
I  R  C  R  P  E  L  T  I  S  I  O  U  T  S
I  A  R  T  E  V  A  L  U  T  O  N  A  R  G
O  C  E  L  S  A  M  U  E  S  S  O  L  O  C
H  O  E  E  T  P  E  C  O  R  I  N  O  T  P
S  P  A  C  O  O  A  P  E  O  T  E  R  I  R
E  O  E  C  R  I  I  S  C  T  R  T  I  E  C
U  Z  S  P  O  E  R  O  E  M  O  O  S  C  C
O  S  V  E  M  E  A  S  O  T  P  E  O  A  B
E  E  T  S  E  S  R  M  T  M  T  W  T  S  O
C  R  T  V  O  B  R  U  S  C  H  E  T  T  A
A  E  N  T  E  I  I  V  O  O  T  E  O  R  O
L  N  M  R  N  C  C  U  E  N  O  E  E  P  D
Z  A  A  O  S  P  T  O  A  N  A  O  H  A  T
O  D  T  O  W  E  R  O  F  P  I  S  A  S  A
N  E  R  H  N  A  E  D  P  T  C  C  V  S  O
E  P  S  V  I  S  A  I  C  E  U  O  E  T  S
I  O  M  R  P  A  S  T  A  O  T  R  T  Z  W
H  A  T  S  C  P  I  Z  Z  A  R  C  L  C  O
E  D  M  I  C  H  E  L  A  N  G  E  L  O  U
T  P  E  E  E  E  O  E  I  O  A  D  M  S  E
```

AROUND THE WORLD: GREECE

SUN

SUMMER

ISLANDS

SAND

ANCIENT

ATHENS

OLYMPICS

OLIVE OIL

SOUVLAKI

SPARTA

MOUNT OLYMPUS

FETA

METEORA

ACROPOLIS

OCTOPUS

EUROPE

AROUND THE WORLD: GREECE

```
P  F  R  V  R  T  S  L  L  E  O  N  O  C  O
R  M  I  M  T  I  I  S  L  U  M  S  S  U  C
O  S  U  P  S  O  D  L  S  P  E  R  O  O  M
A  N  C  I  E  N  T  A  S  E  E  E  U  M  E
E  C  S  V  A  P  L  M  P  M  P  S  V  O  T
O  N  I  L  S  L  E  A  M  O  A  O  L  U  E
M  L  S  C  A  T  O  U  R  L  N  I  A  N  O
O  I  U  R  C  S  S  U  T  T  O  S  K  T  R
E  I  O  T  F  R  E  S  S  P  U  A  I  O  A
S  A  E  Y  D  E  S  O  L  A  S  R  C  L  T
U  C  S  E  A  A  T  H  E  N  S  P  O  Y  R
O  R  M  L  L  R  P  A  O  I  O  U  E  M  I
O  O  A  E  F  O  C  L  N  S  S  L  S  P  L
L  P  R  L  E  A  S  K  E  A  P  Y  U  U  M
Y  O  S  U  P  O  T  C  O  N  A  A  A  S  I
M  L  O  C  C  L  P  U  R  D  I  O  R  E  M
P  I  A  U  O  M  I  U  U  U  N  L  A  T  O
I  S  A  N  S  V  U  L  L  N  Y  T  R  S  A
C  M  I  C  H  A  R  C  U  S  I  N  U  F  P
S  M  K  E  O  P  A  S  M  E  M  R  M  U  T
```

AROUND THE WORLD: UK

QUEEN ELIZABETH

LONDON

BUCKINGHAM

LADY DI

TOWER

MUSEUM

OXFORD

THAMES

FISH AND CHIPS

PALACE

PRINCE CHARLES

ROYAL

DUNGEONS

MONARCH

COMMONWEALTH

ENGLAND

AROUND THE WORLD: UK

```
L U G R R O I D Y D A L S H S
A W N D P E M O P C C R T R L
I N Q D D Q O T H A M E S W S
G E N G L A N D R A B L G N O
N B O N M T C P H A E U L O E
R M Q T C O E G Z H O O U A N
M H O H A L N I N D R N D A N
O M I D S I L H R R O E A Y I
N I A H K E C A L A P C A F G
A L Y C N O D N O L G A H R D
R O U E C O H H L U W I S L E
C B E F I S H A N D C H I P S
H U F N P M U E S U M P S U F
Q A S E L R A H C E C N I R P
C O M M O N W E A L T H O L H
R F D D S L C W L A Y O R I H
O X F O R D O E E G Y R T M N
O A T G F R A C T O W E R E E
S N O E G N U D D D P P O A W M
N E C O F C C D M E N H R G A
```

AROUND THE WORLD: JAPAN

TOKYO

SUSHI

RAMEN

SAKE

IMPERIAL PALACE

SEA OF JAPAN

SAMURAI

GEISHA

BONSAI

ORIGAMI

FUJI

BLOSSOM

TRADITION

NINJA

ANIME

TSUNAMI

AROUND THE WORLD: JAPAN

```
S  O  E  E  J  S  T  S  A  E  M  L  R  A  S
R  I  T  U  J  C  P  S  I  S  S  S  A  F  E
G  I  S  A  N  I  M  E  F  L  N  U  M  T  P
N  K  U  A  N  O  O  S  U  A  T  I  E  S  S
A  P  N  I  O  A  O  Y  J  S  I  S  N  R  O
E  C  A  L  A  P  L  A  I  R  E  P  M  I  D
B  N  M  A  R  Y  I  A  L  N  I  I  R  S  M
E  L  I  K  O  O  R  I  G  A  M  I  S  J  M
J  A  O  J  K  U  S  I  O  K  R  R  F  A  A
K  L  O  S  M  U  S  Y  I  K  T  P  R  O  J
G  I  T  A  S  A  K  T  E  G  R  R  B  S  I
E  H  S  E  A  O  F  J  A  P  A  N  L  Y  I
I  U  B  S  T  I  M  T  J  O  E  F  A  O  P
S  A  O  A  N  O  S  U  S  H  I  L  S  E  H
H  C  N  I  B  N  A  N  S  E  I  M  A  M  T
A  I  S  I  S  I  K  B  I  I  A  J  S  N  L
R  S  A  O  T  A  E  S  L  N  R  I  R  R  G
I  S  I  U  O  P  E  I  S  E  J  H  I  S  N
M  S  A  G  M  O  S  A  A  I  D  A  E  E  A
O  P  I  T  T  R  A  D  I  T  I  O  N  U  N
```

AROUND THE WORLD: CHINA

ACUPUNCTURE

BEIJING

SHANGHAI

GREAT WALL

FORBIDDEN CITY

BAMBOO

PANDA

POPULATION

RICE

DUMPLINGS

NOODLES

EMPEROR

JADE

FESTIVAL

LANTERN

ANCESTORS

AROUND THE WORLD: CHINA

```
Y  T  I  C  N  E  D  D  I  B  R  O  F  P  T
S  R  O  T  S  E  C  N  A  U  F  N  A  S  S
J  R  S  N  O  S  G  A  A  O  P  C  E  I  I
L  A  N  T  E  R  N  D  B  E  M  R  S  N  U
S  B  D  A  R  D  N  E  U  G  N  T  N  J  A
A  S  T  L  L  A  W  T  A  E  R  G  O  C  B
I  R  N  N  P  T  B  E  I  J  I  N  G  N  S
E  B  U  O  I  L  N  E  T  E  N  J  A  D  E
M  J  A  G  O  D  A  D  E  A  E  R  C  E  S
P  I  N  J  E  D  T  G  G  M  V  D  U  E  E
E  N  O  I  T  A  L  U  P  O  P  I  P  Y  D
R  L  A  V  I  T  S  E  F  D  M  O  U  N  N
O  I  O  S  O  N  S  T  S  E  R  N  N  E  H
R  R  O  S  B  E  T  H  J  R  U  E  C  I  P
J  C  N  O  A  A  F  G  A  N  E  I  T  G  A
C  L  H  C  P  I  M  S  L  N  R  A  U  E  C
C  A  A  A  O  D  J  B  U  N  G  W  R  S  R
N  G  R  B  I  L  I  U  O  W  S  H  E  M  P
C  L  O  N  E  E  S  A  J  O  A  G  A  G  P
D  M  J  C  D  U  M  P  L  I  N  G  S  I  I
```

AROUND THE WORLD: AFRICA

SAFARI

BINOCULARS

SOUTH AFRICA

KALAHARI

ATLAS MOUNTAINS

SAHARA

KILIMANJARO

NILE RIVER

LAKE VICTORIA

LEOPARD

ELEPHANT

LION

RHINOCEROS

WOODCARVING

ETHNIC

CIVILIZATION

AROUND THE WORLD: AFRICA

```
T  T  N  O  I  T  A  Z  I  L  I  V  I  C  O
L  A  K  E  V  I  C  T  O  R  I  A  S  L  I
N  W  O  O  D  C  A  R  V  I  N  G  O  N  O
A  V  M  H  B  I  N  O  C  U  L  A  R  S  E
T  L  R  S  F  E  O  I  R  A  R  C  S  R  I
L  E  N  O  O  S  C  O  T  R  I  A  E  E  T
A  L  O  U  S  A  A  N  T  N  A  I  N  O  I
S  E  M  T  O  H  H  H  H  N  P  E  R  K  A
M  P  A  H  R  O  A  T  A  I  I  E  R  H  I
O  H  D  A  A  N  E  A  A  R  O  E  V  S  F
U  A  V  F  I  N  S  N  I  A  A  O  S  R  K
N  N  E  R  F  O  O  N  N  A  I  H  I  U  A
T  T  I  I  R  A  F  A  S  V  H  A  E  C  T
A  L  I  C  T  S  A  T  A  A  N  R  L  T  S
I  E  K  A  L  A  H  A  R  I  F  G  E  O  O
N  O  R  A  J  N  A  M  I  L  I  K  N  V  P
S  P  P  N  O  O  R  E  V  I  R  E  L  I  N
L  A  E  M  H  R  H  I  N  O  C  E  R  O  S
W  R  T  S  O  P  T  C  H  S  N  V  I  L  B
S  D  L  A  D  R  O  A  G  T  C  L  C  N  I
```

AROUND THE WORLD: MEXICO

FIESTA

SOMBRERO

PINATA

SPANISH

AZTECS

PYRAMIDS

TACOS

BURRITOS

TORTILLAS

CINCO DE MAYO

CULTURE

PARADE

CACTUS

MARIACHI

TEQUILA

GUACAMOLE

AROUND THE WORLD: MEXICO

```
R O A T R U T I H C A I R A M
S N E U Y A T P I P I A N O U
I S Q O C D P A O M B H U I I
S I E E O L N F R P S A S I Y
I A A U Z A S D I M A R Y P I
E R T C P I F G A E C R R C D
I A N O R E R B M O S O A O A
B A S C S S S P I N A T A D S
U T R S T M H R T T C I A C E
R C T A N S A L L I T R O T U
R C E C I N C O D E M A Y O Y
I T U N T F A Q E P S U S I S
T A A L F T T S C E T Z A P A
O P T E T S T L Y R N E L U E
S U A L A U G U A C A M O L E
C R R I E U R P C A R A C I I
L D R R R R A E T H S M O C S
U E H E T G A U T A C O S U I
I M A M T E Q U I L A I S S E
T G A N S T E T S U T C A C S
```

SOLUTIONS

IN THE LIVING ROOM

```
E  S  L  C  M  T  T  C  A  C  I  O  G  W  E
R  S  B  S  G  N  I  T  N  I  A  P  L  A  T
A  S  P  G  R  E  C  L  I  N  E  R  S  F  R
S  K  L  I  C  A  S  W  O  D  N  I  W  K  W
O  S  T  E  K  N  A  L  B  C  C  E  A  R  A
H  P  W  S  C  F  C  L  A  O  K  E  C  A  L
E  M  A  A  O  R  E  O  S  F  B  D  S  L  L
S  W  E  S  F  N  E  S  K  F  C  E  I  S  C
E  I  E  I  O  T  N  R  E  E  C  O  E  A  L
O  S  E  P  A  R  D  S  T  E  P  R  A  C  O
A  F  S  S  L  A  M  P  S  T  L  L  R  W  C
K  T  K  P  I  S  W  S  L  A  O  E  N  M  K
C  S  P  E  A  C  R  A  R  B  L  K  L  C  A
A  C  F  T  L  I  A  S  I  L  C  A  T  S  F
E  L  R  C  A  E  E  E  O  E  R  O  K  S  L
W  I  T  H  A  P  N  E  L  E  N  O  N  N  O
N  A  C  I  A  A  D  W  E  T  O  R  R  S  W
E  S  E  L  D  N  A  C  E  B  S  N  T  R  E
S  S  N  A  P  F  A  S  L  S  R  L  S  R  R
C  E  C  A  L  P  E  R  I  F  C  L  N  C  S
```

IN THE BEDROOM

```
E  R  S  E  L  B  A  T  Y  T  I  N  A  V  G  T
S  A  T  A  L  R  L  I  W  B  N  M  R  A  A  S
L  D  L  M  L  O  N  S  O  O  G  L  D  E  A  S
A  A  A  H  A  N  G  E  R  S  R  T  E  G  N  H
I  E  T  P  I  G  A  R  S  K  G  D  R  L  W  L
G  R  E  L  R  G  A  T  T  A  R  T  N  O  D  S
T  N  R  A  E  G  N  Z  K  L  E  A  N  V  I  L
E  N  Q  N  W  O  L  L  I  P  D  T  N  E  U  E
G  Q  R  T  A  D  S  L  N  N  A  P  S  D  M
A  T  R  O  M  N  T  S  E  R  E  S  S  E  R  D
R  T  R  D  A  I  R  T  H  B  T  S  L  A  A  S
W  L  T  N  T  G  Z  B  R  E  H  O  T  T  P  P
L  T  N  O  T  H  N  H  N  D  E  T  H  T  E  L
T  T  P  M  R  T  M  Z  T  S  R  T  R  S  R  S
S  U  M  A  E  L  B  S  N  Q  U  O  S  T  I  P
T  W  A  W  S  I  R  S  T  U  G  M  U  E  E  I
O  S  A  L  S  G  G  R  A  I  S  A  H  G  S  S
T  N  N  E  Q  H  M  B  E  R  H  N  E  S  V  L
L  L  A  A  S  T  D  N  A  T  S  T  H  G  I  N
E  S  P  P  T  K  C  O  L  C  M  R  A  L  A  G
```

IN THE BATHROOM

```
H R U A H M M U N C A O M S B A
I R L R O E T O O N T L I N S D
Y I A L H A N D S O A P T N E U
A T I T R T T E H L W E S K N D
O O T M S S W M I R R O R B R O
P O O M W H P E A T A N D T B U
B T W A H H A V P A K A H T
D H E T M P U M I C E S T O N E
E B L Y B W P E R E L O C I C T
E R S I A S A W R O N H B A A S
D U N O U A A M T A O S M M L H
E S K A R E Y R D R I A H T A E
D H A S R L T E R O K T H M L L
A P N I R R B A O E A E R D S V
A M C N R D T U S B M O C E K E
M L B K W A S T E B A S K E T S
T S H O W E R G E L I T A O N S
L L D T E K S A B Y R D N U A L
E M E D I C I N E C A B I N E T
S P L R R H S A R A E T B H B E
```

IN THE KITCHEN

```
R  L  N  G  S  A  O  E  E  S  N  S  A  K  E
S  U  P  P  N  T  V  A  N  O  D  T  E  P  I
O  U  C  U  T  T  I  N  G  B  O  A  R  D  K
P  O  P  G  B  A  L  E  S  B  B  B  P  D  L
R  D  R  V  G  K  R  E  D  N  E  L  B  V  A
O  P  E  E  R  W  H  I  S  K  E  R  I  R  R
A  T  G  G  S  E  I  C  R  K  T  N  T  E  B
S  P  W  E  L  D  A  L  U  S  E  F  I  N  K
T  O  G  T  R  R  K  P  P  K  D  B  I  D  T
I  T  U  A  N  F  O  R  K  O  S  S  E  F  A
N  N  T  B  C  E  T  A  B  P  A  L  U  S  L
G  O  W  L  D  U  D  L  P  G  T  N  I  U  P
V  Y  B  E  H  S  P  N  K  S  A  A  G  I  A
I  E  T  P  T  A  T  S  P  A  T  U  L  A  O
N  N  I  E  W  O  S  L  D  E  K  I  A  E  S
O  G  E  E  S  T  K  A  S  T  B  O  S  B  E
T  D  D  L  L  N  E  A  S  I  N  K  S  R  D
W  T  L  E  E  C  L  K  E  C  L  C  E  W  E
S  K  O  R  A  S  P  O  O  N  S  H  S  T  T
T  R  E  E  C  O  R  K  S  C  R  E  W  P  L
```

BREAKFAST

```
F  G  E  E  E  R  L  A  B  C  L  A  E  G  C
E  F  S  N  G  A  R  A  R  E  E  Y  C  R  I
T  L  B  E  K  L  L  E  G  A  B  L  J  C  N
M  F  L  Y  E  N  O  H  R  M  U  S  U  T  N
E  O  J  P  A  N  C  A  K  E  S  B  M  S  A
B  E  E  Y  U  E  E  F  F  O  C  E  U  L  M
A  E  Q  P  A  B  A  T  L  L  N  D  O  G  O
U  I  A  M  R  O  U  E  K  N  A  N  O  A  N
U  P  K  E  E  E  R  E  F  E  A  F  S  L  R
L  O  N  I  N  L  K  F  R  R  G  E  I  E  O
N  R  T  O  E  U  E  B  G  S  A  G  N  G  L
C  T  C  E  R  E  T  T  U  B  I  U  S  A  L
E  A  T  T  A  S  A  E  G  S  R  F  R  M  A
B  P  A  A  E  D  E  N  E  E  E  M  N  E  E
A  G  A  O  R  A  N  G  E  J  U  I  C  E  E
G  C  M  E  I  P  U  R  Y  S  E  L  P  A  M
A  G  O  O  O  A  O  C  C  I  I  A  K  U  L  M
G  L  T  O  T  D  H  A  O  A  P  C  R  O  T
M  K  C  N  L  A  E  R  E  C  R  E  S  P  R
U  S  T  I  U  R  F  Y  A  H  U  A  J  I  T
```

DESSERTS

```
K D C L O L N B C U O T C B A
M M H R U C V U E N L S H I N
V U S K E K A C E S S U O M C
A H F V M I D V E C N C C P N
N V V F A R H I N C I M O C C
I D A S I E A E C S C A L I I
L O I E P N T V C B A C A C L
L U D N I O L G R L V T V E U
A G U U L M E E B O N I E N U
C H R C E W C I U W V S C A C
U N C H E A F N R N U A O C P
S U M I I T I C N I N B O M C
T T E K A C E S E E H C K C A
A S B L O N D I E S S E I C N
R A N S D A P P L E P I E F N
D O A C M O U M C A E A O B O
S M N S B I S C U I T S O S L
T A E D L E M O N B A R S M I
N G N I D D U P A N A N A B A
O E U E M A E R C E C I L T S
```

SPICES

```
N U T M E G U A T R P N I O C
S Y G D C I R E M R U T N I A
C R O S E M A R Y A D S B K Y
C L P E M P K U E I E I C U E
U C E S N D S C V H K C H R N
R L S O H N C P I B A S I L N
H S N O R F F A S I I R L F E
M T C P I A S R N V P N I E P
N E I R N G C S I O A R P R E
A M N M C R O L A I K R O I P
U C N O N G R E E W S A W E P
R P A B C M I Y A L S L D R E
S A M I O N A G E R O S E I R
C P O S I C N L N R H C R R A
E R N M Y P D T L E P E E R W
C I G I N G E R A S L C O I E
T K G A E O R I E I P E T E E
S A E E C L O V E S S I A A C
I G A C P O E R I S Y D C R M
M U S T A R D S E E D S W E U
```

IN THE GARDEN

```
S  U  N  S  H  I  N  E  T  W  F  O  E  A  E
F  R  I  E  G  T  A  P  I  R  A  M  R  L  N
U  E  E  I  D  H  V  I  S  E  G  U  S  E  H
S  O  R  G  I  T  I  C  O  M  P  O  S  T  U
S  C  I  T  I  E  R  G  G  H  I  I  O  I  D
I  U  N  L  I  E  S  T  G  T  A  L  E  G  A
U  L  S  G  Z  L  A  T  A  L  A  N  I  I  H
S  T  I  N  R  R  I  O  R  G  A  N  I  C  I
L  I  M  O  L  C  A  Z  D  S  E  E  D  S  O
E  V  N  G  W  G  E  I  E  S  N  N  V  H  S
C  A  O  G  A  R  H  V  N  R  D  S  E  O  W
E  T  E  H  G  R  O  W  E  A  I  R  H  V  S
S  E  E  E  R  L  S  I  L  C  G  S  D  E  E
I  S  G  E  G  T  W  O  I  D  G  O  C  L  C
R  P  G  N  I  T  N  A  L  P  I  T  U  S  V
E  Z  R  C  H  E  S  U  O  H  N  E  E  R  G
A  E  S  N  I  C  O  M  N  G  G  E  I  P  I
W  A  T  E  R  R  R  I  G  S  T  G  O  R  O  U
N  L  I  G  O  L  L  I  A  N  L  E  U  R  L
I  G  R  O  E  I  I  T  G  C  P  N  S  R  T
```

FLOWERS

```
L S D A F F O D I L T A S E R
H Y R B S I L T I S I O M E F
M F O D P I E Y H R Y I L M I
A R L L S L M M Y N O E P R R
N M E S O N I C I P E P T O R
I N R I Y N R A I M R E P R P
L R V O I L N S Y P O P Y Y S
L P O A I L L E M A C S I Y D
A E O V P L U R H S A U A Y P
P C I N A P Y P L S A N O O I
L U O G N U D L E A C P R S D
A D A I S Y R S I R I S R L L
V R I S Y L O A I L O N G A M
O E G O R R O Y U W Y Y R F I
O G R A E D I T U A R O I S R
I I R U A T L M S D O L I O M
M M S U N F L O W E R C M S L
C F D I H C R O A F E M N E N
P O T A Y R F S O N R I E E Y
I L I G E R B E R A E L D O H
```

VEGETABLES

```
S R N Y A M E T M R R A P B Q
E T A E M P S L R Y M A P E W
L C S B J Q E E Q M A M N C U
M S W A E L A K I S I A Y E A
L C E E R L A T R L Z R E A S
I M E Z R T L P E E E S Y E Y
A G T P S T I P T L A A R C L
P N P E R N B C E T E L R T E
E P O E S N E C H P L A O A T
H U T R E T T P L O R B E E T
M M A M A J E E K M K E E U U
O P T E T N A L P G G E R A C
N K O T P A L E E M D T I R E
C I T E E T M E J Q A T O A E
L N P L T J E G I C P K P D W
H S A U Q S T M C S E A A I T
S D A A A E G N A S M P S G
I T H L K D M N M A I Y P H C
M H A A P A K K A E S R S J E
H S O S O E P T P T A E A A E
```

FRUITS

```
T R E Y G R F R B E E P B R C
G O H P A S S I O N F R U I T
L Y A N K I I A B R K N A I R
E B O P A Y O A R R G I R E I
L A R A I A E F L I A A W Y M
E P I A E B P N P C I R A I G
A Y I E G L A E N T N P L B B
P A P A Y A T B E A R Y K R A
K E H R I C E R M P N E Y E R
T U A B U K A R A E G R I L E
L A P A R B C H E R R Y O A B
H A I N P E A A P E A R R B L
F N N A P R Y Y B B P A A G B
N U E N A R I E Y I E A N E P
A I A A R Y U C A G L I G T R
P C P T U L R N O P R A E R E
N G P E B A S F P T I P P P I
N P L A F L N E C T A R I N E
Y I E G I E L P P A I A F P A
U A R I G R K A A K P L U M A
```

BIRD NAMES

```
N S C E E A E C I G E N U D C
A M C C W K C E G O I G E O K
A G K R U O R G N K I A R G E
G I E O E E N E C C A N E E F
N G F W G C R U E G U N E Y T
P K R E V O D H N A C I L E P
C I I I E E G E A I E M O Y N
G R V N I K O A W O N A N E O
T C N W G O R G N I D C V C O
O A O H W F O L A A A A N U C
U A E U D O I E N L R W R R U
A A O C G H S S H O U Y I U R
G T R C K O E G H T E C E A R
N A C U O T U R K E Y U K T A
U E E G R E E N O T R C N G K
G R E R A O G M E N E M Y I A
N G E E U E I V O M U K R U C
D N I U G N E P W W L L O Y A
T N L C R K R A A A L E E S
E U O N K O A R A P C N C E C
```

AT THE GROCERY

```
D  B  B  U  N  Y  S  N  I  O  C  C  E  C  O
D  O  T  B  O  N  S  D  G  A  E  T  V  B  O
C  A  C  C  I  E  A  C  R  C  E  L  S  I  A
R  O  R  T  S  O  U  C  R  C  O  U  E  A  K
E  S  C  V  D  N  A  S  N  R  E  R  L  S  O
D  N  E  E  F  D  E  E  G  E  R  D  E  O
I  A  C  R  L  A  A  C  N  E  N  E  S  A  E
T  R  A  R  I  R  O  A  T  N  E  R  C  B  O
C  R  N  A  V  I  H  I  D  L  E  K  C  L  N
A  E  N  R  E  C  I  R  A  E  C  I  I  C  A
R  C  E  A  R  A  N  S  C  A  S  G  R  D  A
D  E  D  S  Y  C  N  A  R  E  H  E  N  I  L
T  I  G  D  C  O  I  R  D  C  C  E  E  E  N
C  P  O  C  T  N  U  O  C  S  I  D  B  U  Y
Y  T  O  D  H  A  C  E  A  D  S  S  C  G  I
D  I  D  L  U  R  B  A  Y  T  S  H  R  B  R
F  D  S  E  A  I  C  T  E  K  S  A  B  U  E
B  N  T  B  R  N  O  R  E  I  H  S  A  C  P
E  D  U  G  C  E  R  S  C  E  U  T  G  C  U
R  E  F  U  N  D  C  A  E  C  N  E  D  C  Y
```

IN THE PARK

```
I Y N Y U E F O C E A L G W L
S Y I O L I I R H E S E O G I
G N E N E B E I T E D R S N
E G N I K L A W L S A T R G R
N H I S S G O D D E B C T I B
S S A R G N E E R G A E R I B
B E E R N N G N E E I E E D U
Y T N N U A S G N I W S Y L T
N I R C S W B U I I R E R I T
R Y U E N T S N G A I E Y N E
N E R P E R G E T S N E U C R
R A T U S S K T H K S E E A F
D S S G R I B G G P E Y L N L
R R N B I R D S H P R E L J I
I S P I C N I C T A B L E S E
R B E N C H L F B R S Y E I S
A G R T J I E S S E T I K K A
A E E Y H S N L L N E Y U H G
G E N J O Y I N G T R S I Y E
P G N I Y A L P W S T H G E L
```

AT THE CINEMA

```
N O L C E L C N S N E A P T N
C M X E V N R C N O C I E C S
N S R R R E D H C O C T C A C
I E S T T Y K M Y I F N C O E
E T R A G F O N R O C P O P X
A A E Y R A N S T M O O G N C
V H G V S U O I C T O L O A I
T R E S F T A H A D E I M N T
I X N A T H S E I D N A C N N
C O M E D Y E C E R R S A A N
K S L A A R C C A N Y T P C G
E N N C P I I C A R I Y C H N
T I O T I M N N E A Y E A O M
R C O R T I K I M T I I Y S I
I G N E T A E T S V A A S O A
X C C S M O D O O W Y L L O H
L A E S C O E M D O C A H T A
R O M A N T I C A C T O R V O
E N T G T H I I C O E E N O O
O G N I H G U A L G T C C N K
```

AT THE BEACH

```
W E H O T N P A L S D A E S O
O G S E O O T E W S W T L W N
E B S I W A S W V S T R P C U
O E S S E A T I U S M I W S S
L V S I L R V E T U E G I G S
N E D U L E P S I N T S N G V
U R E L N P D U E N E C D E W
T A D C T G E G P Y R S Y D E
A G S Y A E O W E T S T W U G
S E W T U S S D W L A W S E C
T S R C D D U L A I T A O E A
S P E G S C E D T Y O N E W S
S U N G L A S S E S S O N N T
A L W R S G T S R E L O O C L
S W U A W G P G O P P E W O E
D A A S E A G O G G L E S C S
C A N V C S U S A O W S S S S
S U G D E E S D T E W H G S O
L A B N W S S Y A R R U S D E
D C A S A O T P A E Y N O S S
```

HOBBIES

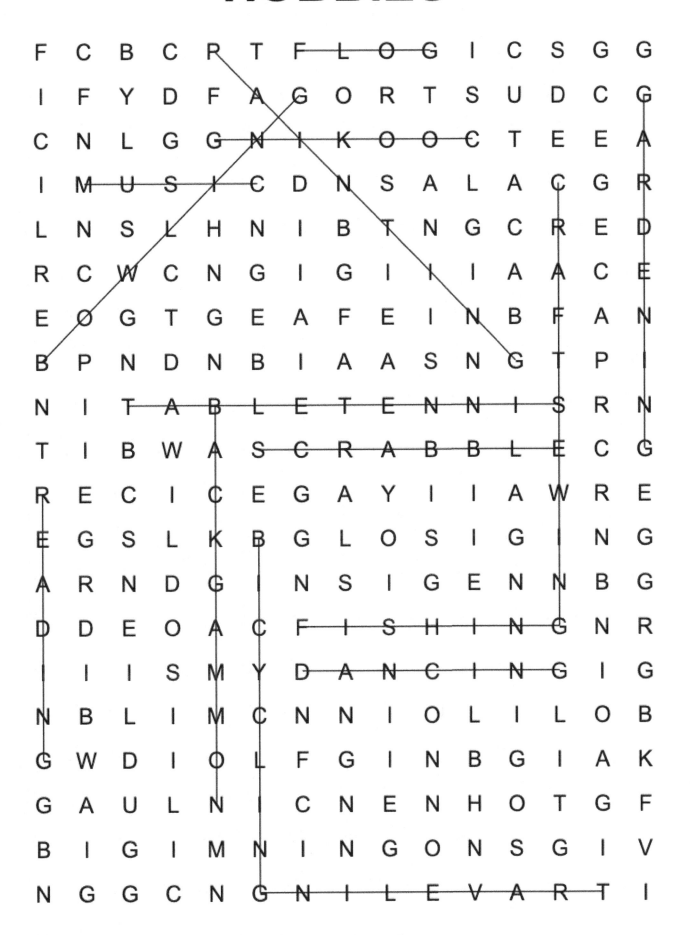

```
F  C  B  C  R  T  F  L  O  G  I  C  S  G  G
I  F  Y  D  F  A  G  O  R  T  S  U  D  C  G
C  N  L  G  G  N  I  K  O  O  C  T  E  E  A
I  M  U  S  I  C  D  N  S  A  L  A  C  G  R
L  N  S  L  H  N  I  B  T  N  G  C  R  E  D
R  C  W  C  N  G  I  G  I  I  I  A  A  C  E
E  O  G  T  G  E  A  F  E  I  N  B  F  A  N
B  P  N  D  N  B  I  A  A  S  N  G  T  P  I
N  I  T  A  B  L  E  T  E  N  N  I  S  R  N
T  I  B  W  A  S  C  R  A  B  B  L  E  C  G
R  E  C  I  C  E  G  A  Y  I  I  A  W  R  E
E  G  S  L  K  B  G  L  O  S  I  G  I  N  G
A  R  N  D  G  I  N  S  I  G  E  N  N  B  G
D  D  E  O  A  C  F  I  S  H  I  N  G  N  R
I  I  I  S  M  Y  D  A  N  C  I  N  G  I  G
N  B  L  I  M  C  N  N  I  O  L  I  L  O  B
G  W  D  I  O  L  F  G  I  N  B  G  I  A  K
G  A  U  L  N  I  C  N  E  N  H  O  T  G  F
B  I  G  I  M  N  I  N  G  O  N  S  G  I  V
N  G  G  C  N  G  N  I  L  E  V  A  R  T  I
```

SPORTS

```
L  A  S  S  S  S  I  N  N  E  T  O  U  N  L  V
D  L  G  A  L  L  C  Y  B  N  A  X  Q  I  C
N  I  A  A  A  L  A  J  T  A  C  I  S  P  S
U  T  M  L  S  M  Y  A  U  I  I  O  M  U  I
T  G  D  I  V  O  L  L  E  Y  B  A  L  L  G
L  P  C  N  A  U  F  P  Y  C  G  G  F  R  Y
B  H  Q  G  J  A  Y  O  G  C  N  S  O  U  M
W  E  O  L  G  C  D  L  O  I  V  S  S  G  N
C  C  I  B  O  C  I  O  M  T  M  Q  E  B  A
I  B  L  O  Q  S  V  M  L  I  B  U  O  Y  S
S  V  L  I  I  O  B  I  V  F  A  I  N  T
A  J  O  N  S  W  N  R  H  D  U  S  L  H
B  T  U  C  S  S  G  K  L  G  W  H  L  L  C
R  G  H  D  E  B  I  B  E  I  T  R  N  I  S
O  O  O  L  O  G  O  B  Y  E  O  E  T  I  G
O  I  C  J  E  I  R  X  K  G  X  L  N  C  E
E  N  K  Y  H  T  L  C  I  O  A  Y  M  Q  R
I  I  E  E  I  E  Y  A  N  H  I  E  B  N
N  R  Y  I  R  R  T  C  R  E  G  I  U  H  M
S  S  S  N  C  T  N  I  S  O  C  C  E  R  C
```

DANCE

```
L  O  C  O  N  T  E  M  P  O  R  A  R  Y  N
S  C  B  I  O  R  O  R  E  L  O  B  P  O  R
W  B  O  R  P  L  L  M  T  D  T  A  T  X  U
O  H  R  B  E  T  L  E  M  S  T  S  A  X  L
A  L  U  H  A  O  A  O  O  A  E  L  P  R  A
H  L  M  O  G  S  H  U  N  L  L  T  D  R  R
E  S  B  N  N  O  I  E  R  S  R  M  A  H  D
U  A  A  B  A  H  P  A  L  A  I  N  N  L  P
B  T  K  O  L  W  H  L  T  F  H  A  C  B  C
W  E  C  A  O  C  O  E  I  O  A  A  E  P  O
O  W  D  R  R  T  P  T  T  X  T  T  A  S  L
T  T  I  L  L  A  O  L  N  T  X  A  D  L  A
R  P  S  E  O  B  M  A  M  R  B  O  K  P  O
A  T  C  S  I  P  A  T  Y  O  D  O  S  O  O
U  A  O  E  T  K  B  I  M  T  S  I  W  T  P
P  C  E  N  L  A  O  X  C  S  T  L  I  O  U
N  C  A  O  I  A  S  R  D  L  O  L  R  U  A
M  N  P  A  T  X  B  A  L  L  E  T  T  O  A
S  E  T  F  L  A  M  E  N  C  O  O  E  O  L
L  L  W  E  O  E  R  S  C  A  O  L  O  P  H
```

MUSIC GENRES

```
L E L L E M L S A L S A A P T
C C N A L A T I N O R L N Z A
L F N Z A C S I P O P R C O A
R H R T F N O E M E A L Z E G
E L E A C L A S S I C A L L M
D V F A I O E S L T R O O E A
B S E O U N S V E O C E U A
E R A L L Y S E P C O Z O A P
A I U B E K M O C S I D T R O
E N L O I C D E U M E L L O D
L A I N E E T R T L G G Y C O
C M M O A N L R Z A A I L O L
G B B G L E P S O G L Z G U B
A I G O O Z Z A J N Z U Y N L
O E S E B M R A L A I B O T A
R N L E R Y C A S F H C V R O
S T E A F P V R O C K N J Y L
E J U R T C O C A C N N E A L
T N P E L C O A E T R L C O A
T A I E B B B K N P E E V C Y M
```

PAINTING

```
B F A D I N G L R N B R U R S
A R A D I P P I N G E S E R X
R E U A E C T F L N I A O I U
G L N S E G A L L O C L I C R
M A E O H P N F S S O L G E E
R X N A S P A C E C V R E R C
U I L A A A B A I N T A U C P
L N C O O B S E P H G T A O A
I G H A O X T O C A X R V G E
S A A A I F R A M E G D R O A
H A C A C D A S T C S R I G R
E C R S C L C L T A C M G R E
C P Y R A C T U A N G B B S O
I S L V B L A R F V I L E R A
R S I C H A R C O A L M N C I
A R C N R A T O L S I X N X S
F O M O O P A I N T E R I A P
C L T L T F N D A O C R C S S
G A U H M T S C T R O V O N B
S R G N I W A R D I O O T G I
```

FISHING

```
G R O L C A T F I S H R R T E
X A R P L S A A O A B F T I N
T G R N T C L T O A B O N C A
E E I P W A T E R T C S A A N
R O N L T L O I L O A R B C L
A L O W L E G T A I U P O A T
E A A S T S G S F T P T R E F
O A H K T R K O I E B N I I N
C B P B E H P N G T E E T T L
F S E L P T K W T L T E A T L
X P A P P A S S O A A R C R R
O I O T C C L C M G C G K N O
L N E E C T T I A L K S L G K
E N C E A S B W N M L L E S E
L E A O P M E M K K E N B N E
M R B E A T L M R O W L O B B
C T F R S A G A R W S E X T L
E G E N H A N O M L A S N N H
I I T W A S E G N I N R O M K
G T N S L O T H A B L A I N B
```

VALENTINE'S DAY

```
R L C I T N A M O R I C L U E
G C C O O T S C R D M A U G O
E T A L O C O H C L D L C C N
E E N E N I M E B T U O U B L
T D D N T I P F D O D R L O E
V D L O S O E H R T T H Y U C
R Y E W N Q I L D O E M E Q R
I B L E C E O L R O S H I U O
E E I D H D H T T R A E H E E
H A G D H N H E R I E E S T S
U R H I B S N I Y V T B I P E
G I T N F P R E O E D S M R B
E A E G I E E L S E A M Y O P
U E H S R H E E L M C T T P N
P O E M S E I R O M E M G O S
B I R T T O S R E B N E D S W
N D O N K B V I Q E E C O A E
T H L D I O T L S A E E I L M
S D R N S E L D D U C U R I S
I P M A S M I C M E E W R A S
```

EASTER

```
G I H S L S A N H C G A B I N
N C G O C P C H O C O L A T E
D R R I L R B B O S S Y S G A
E T I H R I N E G A C U K M S
L N H A E N D B N R T O E I M
S L R Y Y G L A E E N T T B T
B U D L C R S A Y E G G S I C
C F N N H S F T S S R R U U E
Y L U D L O S C E U A W A R L
O O D E A P L A M B S B L N E
S W I N T Y D O L M S S R C B
A E B R D T E O B L Y D T A R
T R S G A T S B U E T H T E A
R S R A T N U H N G T A B T T
S S Y S C R E L N R Y S N B T
R O R G H B B S O E I K L O
Y L C O T P I B E R B N S R N
E C A Y P D N E S T S A I Y S
S E T O R R A C O S L A O H L
B L S U I A E H E H H H E N T R
```

MOTHER'S DAY

```
C F E G N I V I G R O F P R V
R T S F R T Y C F U H P T P P
E H E A T W H T U R T I U T U
U H F O K O F O H G H H R U R
D F U O P X O V R S E A E P C
H I I G G E S U F R E W O L F
H D V I S R V S L H U A D S S
T H A P P Y O R E O I H A A A
E G O D R C N U T S N A O O H
O S T G U I D A N C E R P T U
I S O E M U F R E P P G T V S
E Y C G L R E T H G U A D A A
N F E H H O U L V A O U G M A
T F E M O H V T I E O E A O T
O M Y L N I H E G P O M D R G
A A U N E G E N D E O R O U Y
G O M E V I T C E T O R P U I
D S I V R S I S E R H G S N O
U S O V I U O O H O O U Y A M
N D E T E S F N H T K P P R P
```

FATHER'S DAY

```
O  N  S  S  F  E  G  N  E  E  E  F  D  H  I
H  D  E  T  O  V  E  D  B  I  P  U  D  G  N
O  E  D  N  A  K  K  S  E  O  T  O  N  S  S
B  J  E  Q  A  B  B  D  H  H  L  I  I  C  N
G  H  O  D  I  E  T  A  A  E  H  J  H  E  E
S  O  A  K  P  R  H  D  C  S  P  O  R  T  S
T  L  H  P  I  A  O  L  I  H  D  A  P  Q  Q
E  I  C  S  L  N  U  F  S  E  C  P  L  M  R
H  D  H  B  D  U  G  U  A  L  U  S  O  N  C
D  A  A  L  A  A  H  R  I  V  Q  Q  S  U  R
I  Y  R  L  T  J  T  M  E  B  S  J  O  L  O
I  S  A  A  C  T  F  S  B  D  D  D  M  V  L
D  D  C  D  R  E  U  L  Q  E  O  G  C  R  E
N  M  T  D  L  H  L  G  V  I  N  A  A  R  M
T  C  E  P  S  E  R  O  K  I  H  S  P  I  O
L  O  R  A  N  E  L  L  R  T  D  C  A  N  D
E  G  D  U  E  E  I  A  U  G  E  A  B  S  E
R  H  O  E  B  A  C  A  E  I  E  V  L  Y  L
N  O  I  S  S  A  P  O  U  D  C  B  E  I  N
M  R  I  T  G  L  A  I  C  E  P  S  O  D  G
```

MEMORIAL DAY

```
F  E  A  E  C  D  E  T  A  R  O  C  E  D  R
L  S  C  E  C  P  R  E  O  C  R  G  A  T  R
L  L  C  P  I  A  I  R  C  F  I  S  C  F  O
E  I  P  O  L  T  P  S  C  O  E  C  A  E  P
I  B  E  P  H  R  S  E  M  P  S  T  T  A  Y
I  E  C  P  E  I  R  H  A  A  A  C  P  R  T
B  R  C  Y  R  O  I  C  R  E  A  E  A  L  R
E  T  C  T  O  T  E  E  R  M  T  O  R  E  U
E  Y  C  T  I  E  R  R  G  T  O  S  E  S  I
M  I  S  P  C  D  E  A  C  M  R  B  M  S  E
R  E  O  M  T  M  L  T  L  P  P  C  E  E  E
T  C  U  I  I  F  F  E  I  Y  R  E  M  S  R
B  P  R  A  O  L  F  O  T  E  E  R  B  O  D
S  A  C  R  I  F  I  C  E  T  A  E  E  L  A
E  L  T  R  F  A  I  T  E  I  R  G  R  D  P
F  E  A  T  T  I  D  G  A  B  A  E  O  I  I
A  C  P  T  L  M  I  S  E  R  V  I  C  E  D
E  L  F  T  D  E  A  T  U  E  Y  G  S  R  M
O  T  I  R  F  I  T  O  P  E  I  U  R  E  E
D  E  F  E  N  D  C  E  E  S  B  T  E  T  G
```

INDEPENDENCE DAY

```
E T J C S O U P R E E E S E S
R N O I T A R B E L E C B R I
E E P S A M S A D N U S N A O
O C A U N I T E T F B A I D R
I E R M G O V E R N M E N T G
L A A M C U E D E N I A I L M
I S D E G O N I M E O L M S A
A R E R N M S R O L T A D G N
U I E Y B G T N L E M L E Y H
U S U E O E E A A E S M U F S
S I V D L E B S H T B A T K R
I B T Y I E E T O W I K R R C
S O L L S U N M O W L O L Y O
H L R A E A U L E A W I N F L
L M B U J F S D N E I R F I O
U E E A E A C I R E M A A I N
R I N M E M U I E L N R J S I
O N H M S I F O S E R A A B E
E E A E E L B C I S U M A R S
T J G O E Y L U J S E L T S B
```

LABOR DAY

```
R  T  O  D  M  E  D  Y  S  L  K  P  C  B  A
M  E  T  N  O  R  J  Y  M  O  N  D  A  Y  N
S  H  R  U  T  B  R  C  R  F  E  A  M  I  Y
N  O  I  T  A  R  A  L  C  E  D  L  H  R  F
R  P  R  W  N  O  B  Y  U  N  N  H  E  R  S
R  N  I  R  T  T  R  O  T  N  N  L  S  E  U
Y  I  I  R  A  T  D  N  O  T  I  Y  E  T  P
E  L  A  P  S  G  B  Y  F  N  N  O  O  I  E
B  O  J  U  T  I  S  L  T  A  E  U  N  R  R
K  D  D  E  R  R  U  I  S  R  N  N  S  E  V
I  N  R  I  R  I  N  T  L  E  U  E  R  E  I
I  U  R  Y  L  L  A  R  S  N  A  M  J  E  S
M  S  R  L  G  R  G  A  R  E  R  P  N  S  O
R  L  A  S  L  A  L  D  N  S  A  L  U  T  R
Y  F  Y  E  M  E  N  E  R  O  W  O  D  O  M
A  I  N  W  R  I  G  H  T  S  T  Y  A  H  R
S  M  G  I  U  E  G  A  W  N  E  M  E  B  A
A  O  H  S  T  R  I  K  E  A  D  E  T  O  Y
U  R  I  K  Y  R  A  L  A  S  D  N  U  Y  E
G  F  O  C  I  G  R  E  R  G  H  T  L  N  A
```

HALLOWEEN

```
S P I D E R T M H A U N T E D
P G A P I E N S D V P H T E M
P K T W V S G H O S T H R P A
U O N A I V H Y P E I G N H F
A U E S S T A E R T N W C O R
A H E A S G C M T R T M H K A
N S T O P E A H R I O R I N I
E C O I E H T M E I T P D E D
T E A A M M S D A A R A E O T
T V N T G S T N I A P E C A F
S T O N R E B O T C O T U P T
Y E S M H E H S A P R S I K K
T E E O A A D A R K N E S S M
R R C N O T E L E K S D E F N
I O T S M U W M T O I A A P E
E E P T T A U P C U T C C E Y
Y R E E O T E S U O U H N I E
H D A R S N I G H T I R Y R M
U A N O I W I E T L T C R E T
R N C E N T P U M P K I N O T
```

THANKSGIVING

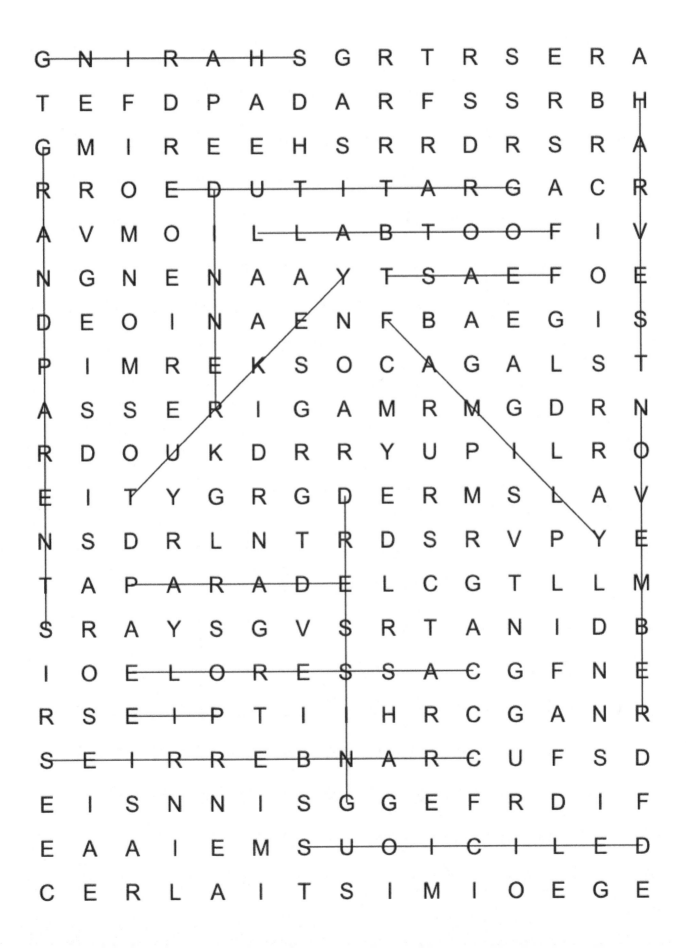

```
G N I R A H S G R T R S E R A
T E F D P A D A R F S S R B H
G M I R E E H S R R D R S R A
R R O E D U T I T A R G A C R
A V M O I L L A B T O O F I V
N G N E N A A Y T S A E F O E
D E O I N A E N F B A E G I S
P I M R E K S O C A G A L S T
A S S E R I G A M R M G D R N
R D O U K D R R Y U P I L R O
E I T Y G R G D E R M S L A V
N S D R L N T R D S R V P Y E
T A P A R A D E L C G T L L M
S R A Y S G V S R T A N I D B
I O E L O R E S S A C G F N E
R S E I P T I I H R C G A N R
S E I R R E B N A R C U F S D
E I S N N I S G G E F R D I F
E A A I E M S U O I C I L E D
C E R L A I T S I M I O E G E
```

CHRISTMAS

```
B E E S B E R E S E N A T E E
S E I K O O C N A I M I T T S
A E E R I V S T H G I L A C C
E S S S N T Y K O R N R C E I
G L K L I M A E L T B A B E I
R T V E T I O E I E I C S D T
T R E E L N S N L O S A B I C
N C S L S I N E L O S A N E N
E H A I N N C T N T D L N T N
K I T O T S T N E S E R P T N
N M Y E A G E N I S C E R N A
G N I K C O T S N B O O T E T
K E R E I N D E E R R G S I V
A Y S I T R E I E R A L S I V
G N I S S E L B N C T K A L I
I I O M S A S R R R I R S D T
D I N N E R E W R C O N S A Y
O V A I T E O N L O N M N C N
R N N I S N E P P G S T E C S
K S S R S C T T O A I P E C K
```

AROUND THE WORLD: FRANCE

```
F  R  S  M  B  H  O  E  A  O  R  F  B  R  S
C  T  E  E  A  C  N  A  L  B  T  N  O  M  F
I  S  T  R  G  I  E  L  A  F  A  S  E  R  N
W  E  C  L  U  P  H  E  E  E  R  R  U  O  C
E  N  E  T  E  U  E  N  T  U  N  O  T  M  H
I  I  E  P  T  B  N  S  O  U  B  O  E  A  A
A  N  F  E  T  P  U  J  C  L  U  N  C  N  M
E  A  A  F  E  W  N  W  N  A  I  N  I  T  P
O  U  R  S  E  O  E  S  R  E  R  O  O  I  A
C  I  U  J  B  L  A  N  S  C  R  G  R  C  G
L  O  U  V  R  E  T  S  R  E  T  H  O  N  N
B  I  E  T  L  C  R  O  I  S  S  A  N  T  E
S  O  N  A  I  E  A  S  W  O  O  E  A  R  C
A  C  R  I  E  R  C  P  R  E  J  N  T  D  H
B  H  C  I  N  B  B  T  A  I  R  S  H  J  I
O  E  G  N  M  A  S  I  T  R  A  I  N  R  C
E  E  M  E  N  I  W  B  N  I  I  N  N  V
R  S  E  T  B  S  E  L  L  I  A  S  R  E  V
G  E  S  T  E  F  T  D  I  J  O  N  A  N  O
N  E  V  H  T  E  C  N  I  S  A  E  T  E  E
```

AROUND THE WORLD: ITALY

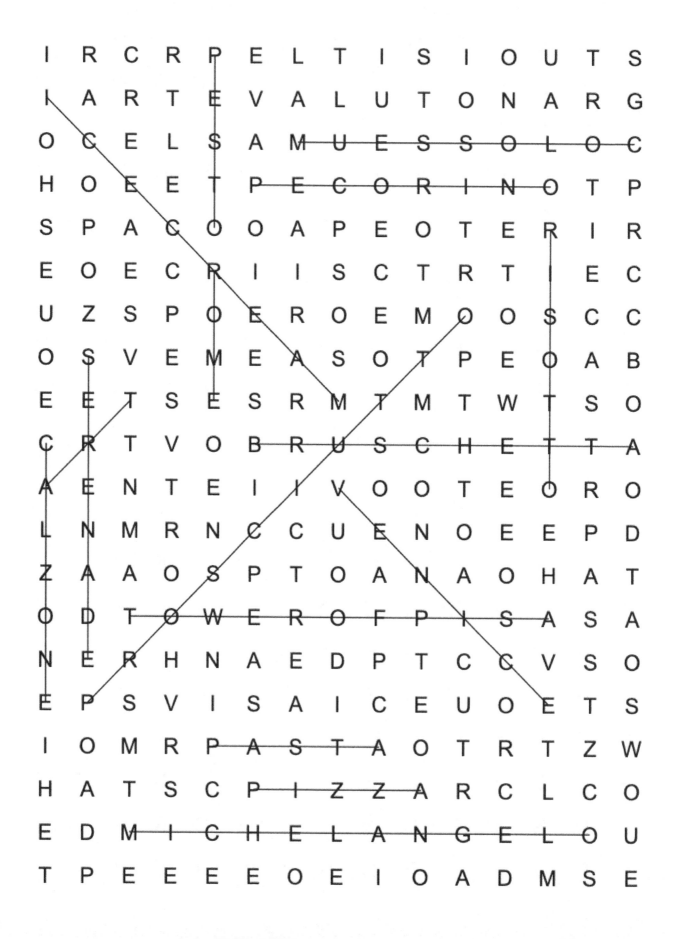

```
I  R  C  R  P  E  L  T  I  S  I  O  U  T  S
I  A  R  T  E  V  A  L  U  T  O  N  A  R  G
O  C  E  L  S  A  M  U  E  S  S  O  L  O  C
H  O  E  E  T  P  E  C  O  R  I  N  O  T  P
S  P  A  C  O  O  A  P  E  O  T  E  R  I  R
E  O  E  C  R  I  I  S  C  T  R  T  I  E  C
U  Z  S  P  O  E  R  O  E  M  O  O  S  C  C
O  S  V  E  M  E  A  S  O  T  P  E  O  A  B
E  E  T  S  E  S  R  M  T  M  T  W  T  S  O
C  R  T  V  O  B  R  U  S  C  H  E  T  T  A
A  E  N  T  E  I  I  V  O  O  T  E  O  R  O
L  N  M  R  N  C  U  E  N  O  E  E  P  D
Z  A  A  O  S  P  T  O  A  N  A  O  H  A  T
O  D  T  O  W  E  R  O  F  P  I  S  A  S  A
N  E  R  H  N  A  E  D  P  T  C  C  V  S  O
E  P  S  V  I  S  A  I  C  E  U  O  E  T  S
I  O  M  R  P  A  S  T  A  O  T  R  T  Z  W
H  A  T  S  C  P  I  Z  Z  A  R  C  L  C  O
E  D  M  I  C  H  E  L  A  N  G  E  L  O  U
T  P  E  E  E  E  O  E  I  O  A  D  M  S  E
```

AROUND THE WORLD: GREECE

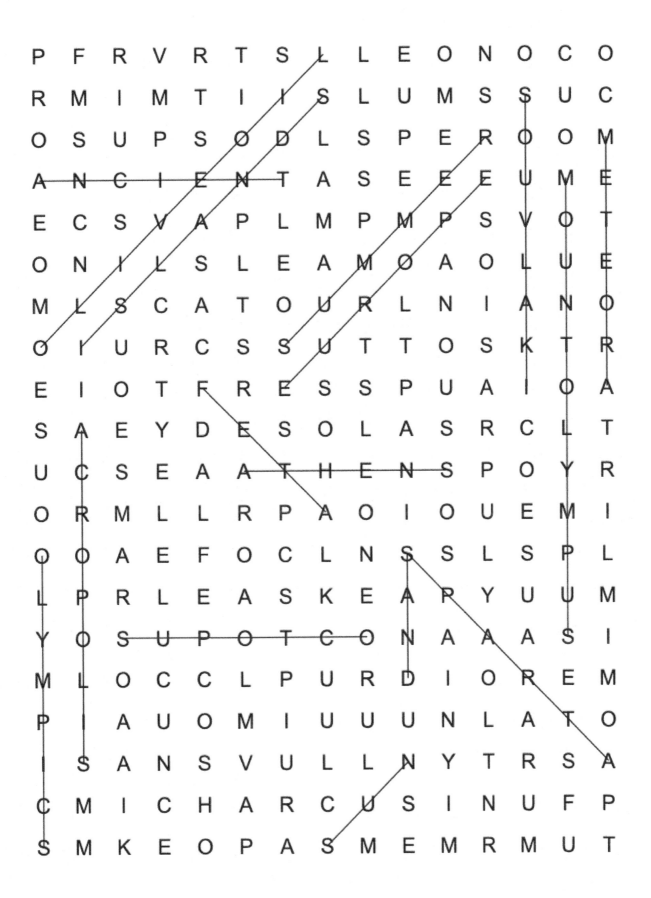

P F R V R T S L L E O N O C O
R M I M T I I S L U M S S U C
O S U P S O D L S P E R O O M
A N C I E N T A S E E E U M E
E C S V A P L M P M P S V O T
O N I L S L E A M O A O L U E
M L S C A T O U R L N I A N O
O I U R C S S U T T O S K T R
E I O T F R E S S P U A I O A
S A E Y D E S O L A S R C L T
U C S E A A T H E N S P O Y R
O R M L L R P A O I O U E M I
O O A E F O C L N S S L S P L
L P R L E A S K E A R Y U U M
Y O S U P O T C O N A A A S I
M L O C C L P U R D I O R E M
P I A U O M I U U U N L A T O
I S A N S V U L L N Y T R S A
C M I C H A R C U S I N U F P
S M K E O P A S M E M R M U T

AROUND THE WORLD: UK

```
L U G R R O I D Y D A L S H S
A W N D P E M O P C C R T R L
I N Q D D Q O T H A M E S W S
G E N G L A N D R A B L G N O
N B O N M T C P H A E U L O E
R M Q T C O E G Z H O O U A N
M H O H A L N I N D R N D A N
O M I D S I L H R R O E A Y I
N I A H K E C A L A P C A F G
A L Y C N O D N O L G A H R D
R O U E C O H H L U W I S L E
C B E F I S H A N D C H I P S
H U F N P M U E S U M P S U F
Q A S E L R A H C E C N I R P
C O M M O N W E A L T H O L H
R F D D S L C W L A Y O R I H
O X F O R D O E E G Y R T M N
O A T G F R A C T O W E R E E
S N O E G N U D D P P O A W M
N E C O F C C D M E N H R G A
```

AROUND THE WORLD: JAPAN

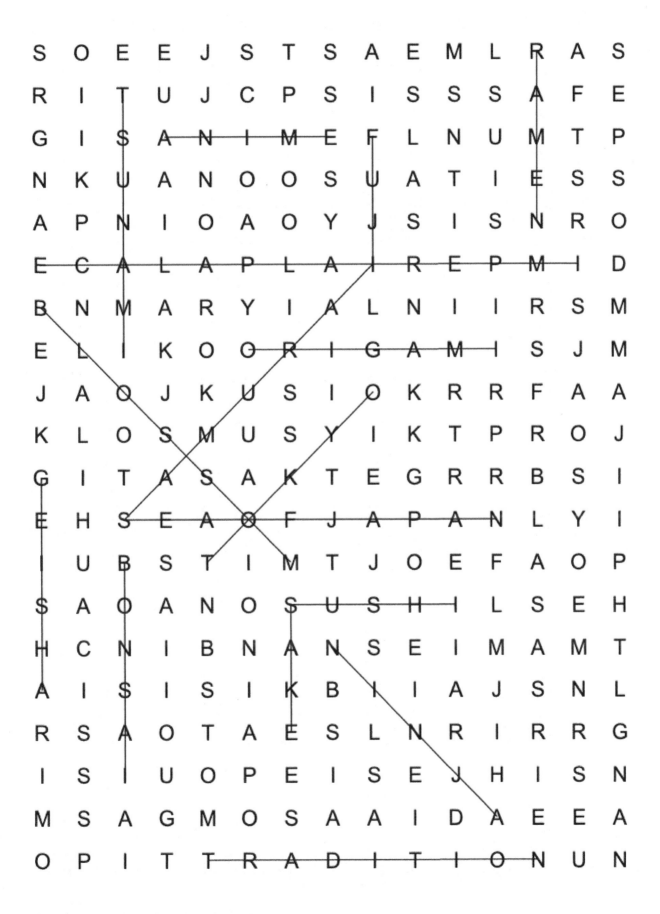

S O E E J S T S A E M L R A S
R I T U J C P S I S S S A F E
G I S A N I M E F L N U M T P
N K U A N O O S U A T I E S S
A P N I O A O Y J S I S N R O
E C A L A P L A I R E P M I D
B N M A R Y I A L N I I R S M
E L I K O O R I G A M I S J M
J A O J K U S I O K R R F A A
K L O S M U S Y I K T P R O J
G I T A S A K T E G R R B S I
E H S E A O F J A P A N L Y I
I U B S T I M T J O E F A O P
S A O A N O S U S H I L S E H
H C N I B N A N S E I M A M T
A I S I S I K B I I A J S N L
R S A O T A E S L N R I R R G
I S I U O P E I S E J H I S N
M S A G M O S A A I D A E E A
O P I T T R A D I T I O N U N

AROUND THE WORLD: CHINA

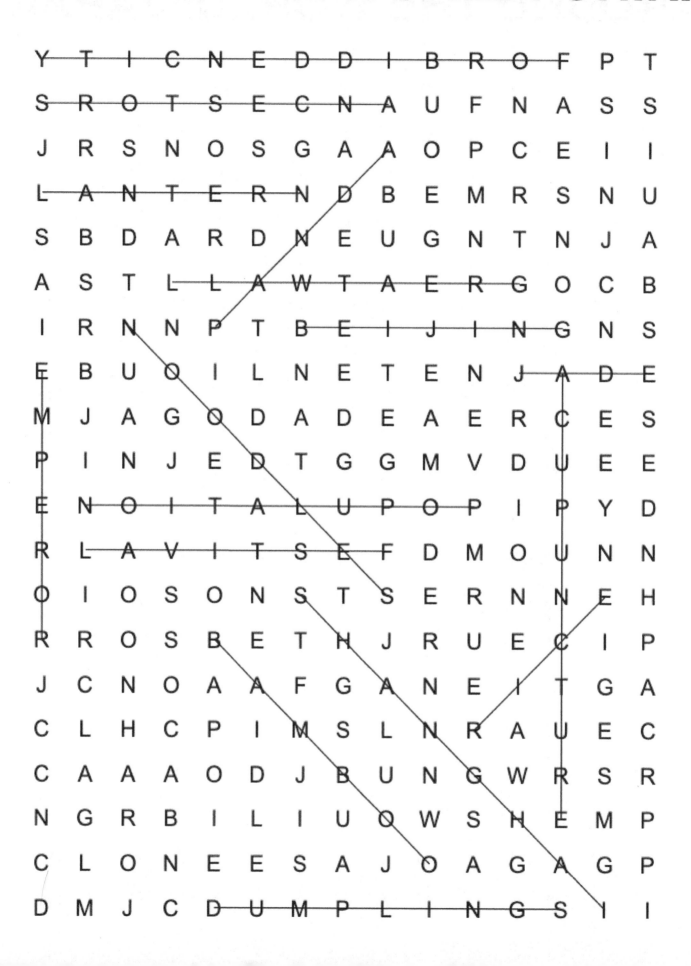

```
Y T I C N E D D I B R O F P T
S R O T S E C N A U F N A S S
J R S N O S G A A O P C E I I
L A N T E R N D B E M R S N U
S B D A R D N E U G N T N J A
A S T L L A W T A E R G O C B
I R N N P T B E I J I N G N S
E B U O I L N E T E N J A D E
M J A G O D A D E A E R C E S
P I N J E D T G G M V D U E E
E N O I T A L U P O P I P Y D
R L A V I T S E F D M O U N N
O I O S O N S T S E R N N E H
R R O S B E T H J R U E C I P
J C N O A A F G A N E I T G A
C L H C P I M S L N R A U E C
C A A A O D J B U N G W R S R
N G R B I L I U O W S H E M P
C L O N E E S A J O A G A G P
D M J C D U M P L I N G S I I
```